画说辛亥

（上）日暮途穷

万翠屏 / 著
万翠屏 赵玉 张刚 / 绘

团结出版社

图书在版编目(CIP)数据

画说辛亥. 上册 / 万翠屏著；万翠屏，赵玉，张刚绘. ——北京：团结出版社，2021.10
ISBN 978-7-5126-9088-2

Ⅰ.①画… Ⅱ.①万… ②赵… ③张… Ⅲ.①辛亥革命－通俗读物 Ⅳ.①K257.09

中国版本图书馆CIP数据核字(2021)第158907号

出版： 团结出版社
（北京市东城区东皇城根南街84号　邮编：100006）
电话： （010）65228880　65244790
网址： http://www.tjpress.com
E-mail： zb65244790@vip.163.com
经销： 全国新华书店
印装： 武汉银翔印刷有限公司

开本： 185mm×260mm　16开
印张： 34
字数： 55千字
版次： 2021年10月第1版
印次： 2021年10月第1次印刷

书号： 978-7-5126-9088-2
定价： 398.00元（全三册）
　　（版权所属，盗版必究）

序言

郝建郡

  110年前，以孙中山先生为代表的革命党人发动了震惊世界的辛亥革命，开启了中国历史前所未有的社会变革。今年是辛亥革命110周年，我们深切缅怀孙中山先生等辛亥革命先驱的历史功勋，学习和弘扬他们为振兴中华而矢志不渝的崇高精神，激励海内外中华儿女为实现中华民族伟大复兴而共同奋斗。

  1840年鸦片战争以后，中国逐步成为半殖民地半封建社会，西方列强野蛮入侵，封建统治腐朽无能，国家战乱不已，人民饥寒交迫，中国人民和中华民族遭受了前所未有的劫难。在那个内忧外患接踵而至的年代，一切关心国家和民族前途命运的人们无不痛切感到，要实现民族独立、人民解放和国家富强、人民富裕，就必须推翻封建专制统治，对中国社会进行根本变革。辛亥革命的爆发，是当时中国人民争取民族独立、振兴中华深切愿望的集中反映，也是当时中国人民为救亡图存而前赴后继顽强斗争的集中体现。

孙中山先生是伟大的民族英雄、伟大的爱国主义者、中国民主革命的伟大先驱。他站在时代前列，"适乎世界之潮流，合乎人群之需要"，大声疾呼"亟拯斯民于水火，切扶大厦之将倾"，高扬反对封建专制统治的旗帜，毅然投身民主革命事业。他创立兴中会、同盟会，提出民族、民权、民生的三民主义，积极传播革命思想，广泛联合革命力量，连续发动武装起义，为推进民主革命四处奔走、大声疾呼。

1911年，在孙中山先生领导和影响下，震惊世界的辛亥革命取得成功，推翻了清王朝统治，结束了统治中国几千年的君主专制制度。由于历史进程和社会条件的制约，辛亥革命虽然没有改变旧中国半殖民地半封建的社会性质，没有改变中国人民的悲惨命运，没有完成实现民族独立、人民解放的历史任务，但开创了完全意义上的近代民族民主革命，打开了中国进步闸门，传播了民主共和理念，极大推动了中华民族思想解放，以巨大的震撼力和影响力推动了中国社会变革。

辛亥革命后，接受这场革命洗礼的中国先进分子和中国人民继续顽强探寻救国救民道路。1921年，在马克思列宁主义同中国工人运动的结合中，中国共产党应运而生。从此，中国人民有了用先进理论指导的马克思主义政党的领导，中国革命出现焕然一新的面貌。中国共产党人是孙中山先生开创的革命事业最坚定的支持者、最亲密的合作者、最忠实的继承者，不断实现和发展了孙中山先生和辛亥革命先驱的伟大抱负。

今年是中国共产党诞辰100周年。一百年来，中国共产党人继承孙中山先生的遗愿，团结带领中国人民，以"为有牺牲多壮志，敢教日月换新天"的大无畏气概，书写了中华民族几千年历史上最恢宏的史诗。今天，我们可以告慰孙中山先生的是，我们比历史上任何时期都更接近中华民族伟大复兴的目标，比历史上任何时期都更有信心、有能力实现这个目标。

以史为鉴，可以知兴替。习近平总书记多次强调，"历史是最好的教科书，也是最好的清醒剂"，我们要用历史映照现实、远观未来。孙中山先生和辛亥革命先驱为中华民族建立的历史功绩彪炳史册。在辛亥革命中英勇奋斗和壮烈牺牲的志士们永远值得中国人民尊敬和纪念。辛亥革命永远是中华民族伟大复兴征程上一座巍然屹立的里程碑。

今年是辛亥革命110周年，由团结出版社出版《画说辛亥》绘本丛书，恰逢其时。团结出版社作为民革中央主管主办的出版单位，三十多年来一直致力于为民革服务、为统战系统服务，出版了大量民国历史和文化等题材的精美图书，得到了广大读者的好评，在海内外也具有一定的影响。

该套绘本由青年画家万翠屏女士组织编著，共分上、中、下三册，即《日暮途穷》《风起云涌》《武昌起义》。全书通过527张精美的画作讲述了中国近代自1895年至1911年辛亥革命推翻封建帝制的革命过程。绘本采用灰色卡纸素描单彩绘制，在尊重历史的前提下将历史照片手绘修复，运用全因素素描的表现形式，让历史人物和历史瞬间重现。同时配以经严格史实考证的文字说明，展现了辛亥革命波澜壮阔、跌宕起伏的历史画卷，揭示了以孙中山先生为代表的仁人志士探索救国救民道路的艰辛和奉献。

　　本着学术化、教育化、艺术化为前提，《画说辛亥》用绘本讲历史，让读者在历史中进行美育的熏陶，相较同类图书形式新颖，可读性及观赏性较强。它是普通读者了解学习中国近现代历史的一个窗口，对于传播辛亥革命的历史意义具有一定的社会价值。

　　此书也是对辛亥革命110周年的最好纪念！

2021年9月15日

（郑建邦 现任全国政协副主席、民革中央常务副主席）

1. 光绪十年至二十一年（1884年至1895年），慈禧太后准备退居休养，便以光绪帝名义下令重建清漪园。

2. 由于经费有限,慈禧挪用了海军八百万两银子用来集中财力修复前山建筑群,并在昆明湖四周加筑围墙,改名颐和园,作为离宫。

3. 此时，洋务派李鸿章多年来用重金购买英国军舰，精心建立了北洋水师。1888年，北洋海军自英国购进排水量2300吨的巡洋舰"致远号""靖远号"。自德国购进排水量2900吨的巡洋舰"经远号""来远号"。

4. 北洋水师是中国建立的一支近代化海军舰队，同时也是清朝建立的四支近代海军中实力最强、规模最大的一支。主要军舰大小共有25艘，辅助军舰50艘，运输船30艘，官兵4000余人。在实力上已经远超日本的舰队。

5. 1891年，户部尚书，即光绪帝老师翁同龢，严禁北洋水师再添加新的"舰、炮、军火"。经费也大幅度削减，令北洋水师举步维艰。首先是燃煤问题、二是锅炉问题、三是炮弹问题，北洋水师所使用的炮弹，多是天津机械局生产的实心弹，大都尺寸不合格，无法使用。

6.北洋水师无法购买新的战舰,而日军在甲午战争前"以国赌运"购买了大量新式战舰,中日海军力量发生了逆转。

7. 1894年,以朝鲜东学党起义、朝鲜政府向中国请兵为契机,日本派大军进入朝鲜,并挑起了甲午中日战争。

8. 1894年黄海一战，海战历时5个多小时，北洋水师损失"致远""经远""超勇""扬威""广甲"5艘军舰，"来远"受重伤，死伤官兵约800人；日本舰队"松岛""吉野""比睿""赤城""西京丸"5舰受重伤，伤亡239人。

9. 水师官兵勇敢战斗,致远舰管带邓世昌战死,提督丁汝昌自尽。北洋舰队自此退入威海卫,使黄海制海权落入日本联合舰队之手。

10. 1894年阴历甲午年十月初十，是慈禧六十岁的生日。当李鸿章派兵进入朝鲜时，北京一片莺歌燕舞；当战场从陆地转移到海上，水师官兵在黄海杀得昏天暗地时，北京仍然歌舞升平。

11. 慈禧本想在六十大寿后,还政于光绪,自己在颐和园颐养天年。这次帝国最高权力的交接,在广大臣工眼里自然比与一个海岛小国作战重要。

12. 对于以战争为理由劝阻慈禧太后过六十大寿的人,她毫不客气地说:"今日令吾不欢者,吾亦将令彼终身不欢。"

13. 1894年，中日甲午战争爆发，清军和日军在水陆两方面开战。在日本方面，日本国民在明治天皇的带领下，军国主义情绪完全被激发，进入了疯狂的战争狂热状态。

14. 在甲午战争战败后,清廷只好选择派人前往日本商谈求和事项。大家都知道,作为战败方前去,必定要签订一些丧权辱国的条约,自然不敢去担任这个遗臭万年的骂名。慈禧没办法,只好派74岁的李鸿章前往日本与伊藤博文商谈议和条约。

15. 李鸿章受命与日本和谈时,伊藤博文对他极尽羞辱。日军当时想要达到不停战就能和谈的目的,一直在狮子大开口,企图拖延签订条约的时间。在前三轮谈判中,通过秘密手段截获李鸿章和清廷之间消息的伊藤博文得知了清廷的底线,直接要求赔偿白银三亿两,李鸿章怎么谈判都无济于事。

16. 就在第三次谈判后，李鸿章准备返回住所的途中，突然遭日本人小山丰太郎枪击，袭击造成李鸿章左眼下受伤，李鸿章当场就昏倒了。好在子弹未击中要害，随行的医生很快就将他救醒了。这次意外使得日本的谈判优势锐减，日本担心李鸿章以受伤为由选择归国，宣布承诺休战。

17. 最终李鸿章凭借着这次受伤在谈判中找到一点优势,将三亿两白银的赔款降为两亿两白银。1895年4月17号,《马关条约》在日本签订,把台湾和辽东割让给了日本,赔白银2亿两。

18. 日本据《马关条约》割占了中国大片领土，这引发了列强企图瓜分中国的狂潮。《马关条约》反映了帝国主义资本输出，分割世界的侵略要求，它大大加深了中国的半殖民地化和民族危机。当然，民族危机的加深刺激了国人的进一步觉醒，从而掀起了救亡图存的斗争热潮。

19. 伟大的革命先驱孙中山原是一位医生,他深怀忧国忧民之心。1894年1月,孙中山写了一篇长达八千多字的《上李鸿章书》,建议清政府仿照西方资本主义制度,兴办学校,培养人才;设立管理农业的机构,发展农业生产;开矿山,修铁路,开办近代工业;实行保护近代工商业的政策等。

20. 1894年的6月,孙中山到达天津,通过关系找到李鸿章的幕僚盛宣怀。虽经盛宣怀竭力推荐,李鸿章还是拒不接见,也不看孙中山写的是什么。这次求见李鸿章没有达到预期的结果,使孙中山对改良救国不再抱有任何幻想,从此踏上了革命救国的道路。

21. 29岁的孙中山上书失败,他热血沸腾,感慨万千。"文今年拟有法国之行,从游其国之蚕学名家,考究蚕桑新法,医治蚕病,并拟顺道往游环球各邦,观其农事。"在李鸿章幕僚罗丰禄的帮助下,拿到一张农桑会出国的筹款护照。

22. 孙中山出生于广东香山县翠亨村。早期致力于民主运动,在香港与陈少白,尤列,杨鹤龄被称为"四大寇"。看清中国现状后,孙中山决定放弃医道,毅然甘冒杀头的危险,筹款革命,领头反清。

23. 孙中山远赴檀香山，在哥哥孙眉的支持下，团结海外华侨，积极筹款准备起义，鼓动推翻封建王朝。

24. 1894年11月24日，他在美国檀香山正式创立兴中会，开始了革命推翻清朝，建立新政府的人生历程。第一个提出"振兴中华"的口号，提出"驱除鞑虏，恢复中华，创立合众政府"的革命目标。

25. 孙中山说:"医人是我的本职,医国是我的天职。医术只能救人,革命才能救国!"兴中会是中国近代第一个民主革命团体。

中國積弱，非一日矣！上則因循苟且，粉飾虛張；下則蒙昧無知，鮮能遠慮。近之辱國喪師剪落壓境，堂堂華下，不齒於鄰邦；文物冠裳被輕於異族。有志之士，能無撫膺！夫以四百兆蒼生之眾，數萬里土地之……

孫文

26. 孙中山起草的《兴中会章程》被通过。章程第一次提出了推翻清朝封建君主专制政府、建立民主共和国的革命纲领。

27. 1895年1月底，孙中山回到香港发展组织，他的旧友陆皓东、郑士良、陈少白、杨鹤龄，以及杨衢云、黄咏商等都成了兴中会的骨干。2月21日，兴中会总部成立，会址设于香港中环士丹顿路十三号，对外以"乾亨行"的牌号作掩护。

28. 1895年孙中山带着郑士良、陆皓东、陈少白来到广州，设立了兴中会广州分会，发展程奎光、程璧光、左斗山、魏友琴、陈廷威、朱淇、苏复初等数百人加入了组织。为掩护兴中会的活动，孙中山还特地建立了一个名为"农学会"的公开团体，号称要研讨农桑新法。

29. 兴中会决定于重阳节（1895年10月26日）在广州发动起义，占领广东省城，并期待由此引发全国反对朝廷的连锁反应。当时议定孙中山在广州领导军事行动，杨衢云在后方总部香港筹款购械并招募壮士，谢缵泰负责联络旅港外国人，有三合会背景的郑士良负责联络会党。

30. 陆皓东事先已设计好了一面青天白日旗图样，作为起义冲锋旗，受到孙中山及大伙肯定。青天白日旗在战火中诞生！

31. 孙中山最初的考虑是"擒贼擒王"的战术。人贵精而不贵多，只需敢死队一百人，就能成功。孙中山认为，采用五人一队，突袭署衙的战术，就能擒贼擒王。

32. 这一计划的可行性在于,当时广州城内的重要衙署仅有都统、总督、巡抚、水师提督四府,虽然都有卫兵,但戒备松弛,如果出其不意,配备枪械、炸弹的五人小分队完全可以一举攻入,捕杀其长官,使清兵群龙无首。当兴中会讨论这一计划时,大多数人认为还是太冒险了,最终决定改为"分道攻城"策略。

33. 按照"分道攻城"的策略，杨衢云率香港会党三点会约三百人，于起义日期前晚(10月25日晚)齐聚香港，乘省港晚班客轮到广州，并把起义用的短枪装在木桶里，谎称胶泥报关。等到了省城，即用刀斧劈开木桶取出枪械，首先攻占各重要衙署。

34. 自日本横滨赶回的陈清率领炸弹队,在各军事要点投掷炸弹,壮大声势。吴子蔡在潮汕响应牵制粤东清军,拟定讨清文稿和安民告示,口号是"除暴安良",暗号是带红臂带。

35. 中文讨满檄文由在广州的朱淇起草，并将安民告示先期印好，届时四处张贴。英文对外宣言则由孙中山的老师何启博士与香港《德臣西报》主笔英国人黎德在香港拟就，只待广州起义成功，即分送各国，要求承认义军为交战团体，享受各国一切中立权利。

36. 起义各项已准备就绪，1895年10月10日，兴中会在香港开会选举"总办"，也就是会长，而且各会员已经同意，"总办"即为起义成功后临时政府的大总统。

37. 与会者不过七八人,但却分歧严重。陈少白、郑士良支持孙中山,而谢缵泰却拥戴杨衢云,双方险些闹翻。孙中山高风亮节,以反清大局为重,让杨衢云做了"总办"。自此直至1900年,兴中会的会长其实是杨衢云。兴中会决定起义后成立临时政府,选举总统。谢缵泰提名杨衢云来当总统,陈少白等推举孙中山。孙中山说服支持者,将总统职位让给杨衢云,避免了分裂。

38. 起义时刻,各路队伍装成祭扫祖墓的大家族队伍进了广州。

39. 1895年重阳节（10月26日）黎明，各路人马均已整装待发，偏偏最重要的香港"突击队"没到。孙中山拿着杨衢云发来的电报说："香港队员要迟两天才能出发。"大家担心起义延后会使机密泄露，于是商定取消本次起义行动，先遣散各部人马，以后择机再举。同时电告杨衢云，让"突击队"别来广州了。

40. 但杨衢云接到电报时，七箱枪械已经改装进木桶，并以货物的名义交付省港班轮待运了，如果突然又跑去说这批货不运了，反倒容易被怀疑。因此，杨衢云就给孙中山回电说："接电太迟，货已下船，请接。"同时，他又命三点会党首领朱贵全、丘四于27日晚率首批"突击队员"登轮，赶赴广州。

41. 客轮28日抵达广州，清兵竟然早已在那里严阵以待，手无寸铁的突击队员全被拿获，伪装在木桶里的205支左轮手枪和大约80箱弹药也被查抄没收了。

42. 广州起义的计划已被清朝当局获悉。朱淇的哥哥朱湘,是个举人且有公职,当得知弟弟参加了兴中会这种掉脑袋的活动,夜不能寐,深恐被株连,思前想后,就用朱淇的名义向官府告了密,试图将功折罪。

43. 广州起义功败垂成，陆皓东冒险返回总机关焚毁兴中会名册，不幸被捕，遭受各种酷刑仍坚决不肯供出同党。"我可杀，继我而起者不可尽杀！"这种大无畏的气概让清吏都深为感佩。最终，陆皓东英勇不屈而死，成了为中国革命牺牲的第一人。朱贵全、丘四、程奎光、程耀宸等也相继被处以极刑。

44. 当孙中山致电杨衢云阻止"突击队"来广州时,就已让陈少白速返香港暂避,以免被清廷一网打尽。得知陆皓东被捕后,孙中山又令身边的同志迅速疏散,自己则与郑士良留下来隐藏武器,并亲自给各地写电报;在通知省城内各主要同志烧毁重要文书,清扫总机关后,才从容不迫地和郑士良离开。

45. 1896年9月孙中山来到伦敦，10月11日在拜访香港求学时的老师康德黎的路上被清政府驻英公使龚照瑗绑架，关押在一个三层的密闭小房间里。公使馆专门租了一艘轮船，准备将他装在木箱里面秘密押送回国，最后在康德黎的帮助下解救。此后，孙中山又在伦敦住了两年多，学到了许多知识。

46. 1895年春，乙未科进士正在北京考完会试，等待发榜。这时，《马关条约》割让台湾及辽东和赔款白银二亿两的消息突然传至，在北京应试的举人群情激愤。台籍举人更是痛哭流涕。

47. 4月22日,康有为写成一万八千字的"上今上皇帝书",十八省举人响应,一千二百多人连署。5月2日,由十八省举人与数千市民集"都察院"门前请代奏,要求"变法图强"。这是历史上著名的"公车上书"事件。

48. 虽然,公车上书失败,但是维新思想从此唤醒和激励了越来越多的中国人救亡图存,在中国近代史上有着重要的地位,并拉开维新变法的序幕。"公车上书"标志着酝酿多年的资产阶级维新变法思潮已发展为爱国救亡的政治活动,对社会的影响和震动很大,康有为从此取得了维新运动的领袖地位。

49. 公车上书失败后，维新派积极进行宣传和组织活动，著书立说，介绍外国变法教训，在各地创办了许多报刊、学会、学堂，为变法制造舆论，培养人才。维新变法运动逐渐在全国兴起。

50. 在康有为、梁启超等维新志士的宣传、组织和影响下,全国议论时政的风气逐渐形成。到1897年底,各地已建立以变法自强为宗旨的学会33个,新式学堂17所,出版报刊19种。到1898年,学会、学堂和报馆达300多个。1898年,谭嗣同创办南学会、群萌学会。

51. 在皇帝老师翁同龢的引荐下,康有为和梁启超受到光绪皇帝的召见。康梁两人的见解,受到光绪帝的极大赞赏,决心推行新政。

52. 1898年1月29日,康有为上《应诏统筹全局折》。4月,康有为、梁启超在北京发起成立保国会。1898年6月11日,光绪帝颁布了"明定国是"诏书,变法正式开始。

53. 变法期间，光绪帝先后发布上百道变法诏令，除旧布新。光绪珍妃的老师文廷式也支持维新。珍妃常与光绪帝切磋维新改革的方针。受到太后和顽固派官员的不满。

54. 变法开始后,清政府中的守旧派不能容忍变法运动的开展。有人上书慈禧太后,要求杀了康有为、梁启超;奕劻、李莲英跪请太后"垂帘听政";御史杨崇伊多次到天津与荣禄密谋;甚至宫廷内外传言将废除光绪,另立皇帝。

55. 1898年6月16日，慈禧太后迫使光绪连下三谕，控制了人事任免和京津地区的军政大权，准备发动政变。

56. 1898年7月30日,光绪帝颁密诏给杨锐,嘱维新派妥筹良策,推进变法。密诏中说:"朕位且不能保,何况其它?"光绪帝意识到将有变故,自己处在危险地位,流露出焦急心情,要维新派筹商对策。

57. 1898年9月5日,光绪召见谭嗣同,并命谭与刘光第、杨锐、林旭以四品卿衔在军机章京上行走。

58. 1898年9月11日,光绪帝召直隶按察使袁世凯来京陛见。1898年9月16日,光绪帝在颐和园召见统率新建陆军的直隶按察使袁世凯,面谈后升任他为侍郎候补。另一方面,直隶总督荣禄以英俄开战为理由,催袁急回天津。

59. 毕永年与谭嗣同议软禁太后事。1898年9月17日,光绪帝再召见袁世凯,命与直隶总督荣禄各办各事。光绪帝命康有为即离京赴上海督办官报局,通过杨锐带给康有为密诏。

60. 1898年9月18日，御史杨崇伊上书慈禧，称大同学会蛊惑人心，紊乱朝政，引用东人，深恐贻祸宗社，吁恳皇太后即日训政以遏乱萌。

61. 据袁世凯的日记,之后谭嗣同于9月18日去法华寺夜访袁世凯,透露慈禧联同荣禄,要废除光绪;并说皇上希望袁世凯可以起兵勤王,诛杀荣禄及包围慈禧住的颐和园。也有一种说法是,袁世凯离京前向军机大臣王世铎密告。

62. 1898年9月19日，傍晚，慈禧突然离开颐和园，返回大内。光绪帝自是日起迁居瀛台。康有为访英国传教士李提摩太，请英国公使相助，不成；又访伊藤博文，请游说慈禧太后。当晚黄绍箕劝康有为迅速离京。深夜，梁启超、康广仁等恳求康尽快出走。慈禧回宫。

63. 1898年9月20日凌晨,康有为携仆人李唐离京。光绪皇帝第三次召见袁世凯,之后袁回天津。光绪皇帝接见日本前首相伊藤博文,亲密交谈。慈禧当天深夜接到荣禄密报,说光绪帝欲软禁太后。

64. 1898年9月21日，凌晨，慈禧太后突然直入光绪皇帝寝宫，将光绪皇帝囚禁于中南海瀛台；然后发布训政诏书，再次临朝"训政"，"戊戌变法"失败。

65. 慈禧太后下令捕杀在逃的康有为、梁启超；逮捕谭嗣同、杨深秀、林旭、杨锐、刘光第、康广仁、徐致靖、张荫桓等人。

66. 1898年9月24日，刚毅奉太后谕令开始搜捕四军机章京等变法分子。杨锐、林旭当日被捕。刘光第投案自首。杨深秀因诘问慈禧太后为何罢黜光绪帝，在闻喜会馆住处被捕。

67. 1898年9月25日,谭嗣同在湖广会馆,知道自己将要被捕,大义凛然地说:"中国革命还没有人流血,我愿意当改革流血的第一人"。

68. 1898年9月28日，在北京菜市口清政府将谭嗣同、杨锐、刘光第、林旭、杨深秀、康广仁六人杀害；徐致靖处以永远监禁；张荫桓被遣戍新疆。

69. 所有新政措施,除7月开办的京师大学堂(今北京大学)外,全部都被废止。

70. 康有为、梁启超被清廷追捕,在外国领馆帮助下,逃亡到了海外。对海外留学生的革命力量清政府也派人去镇压。

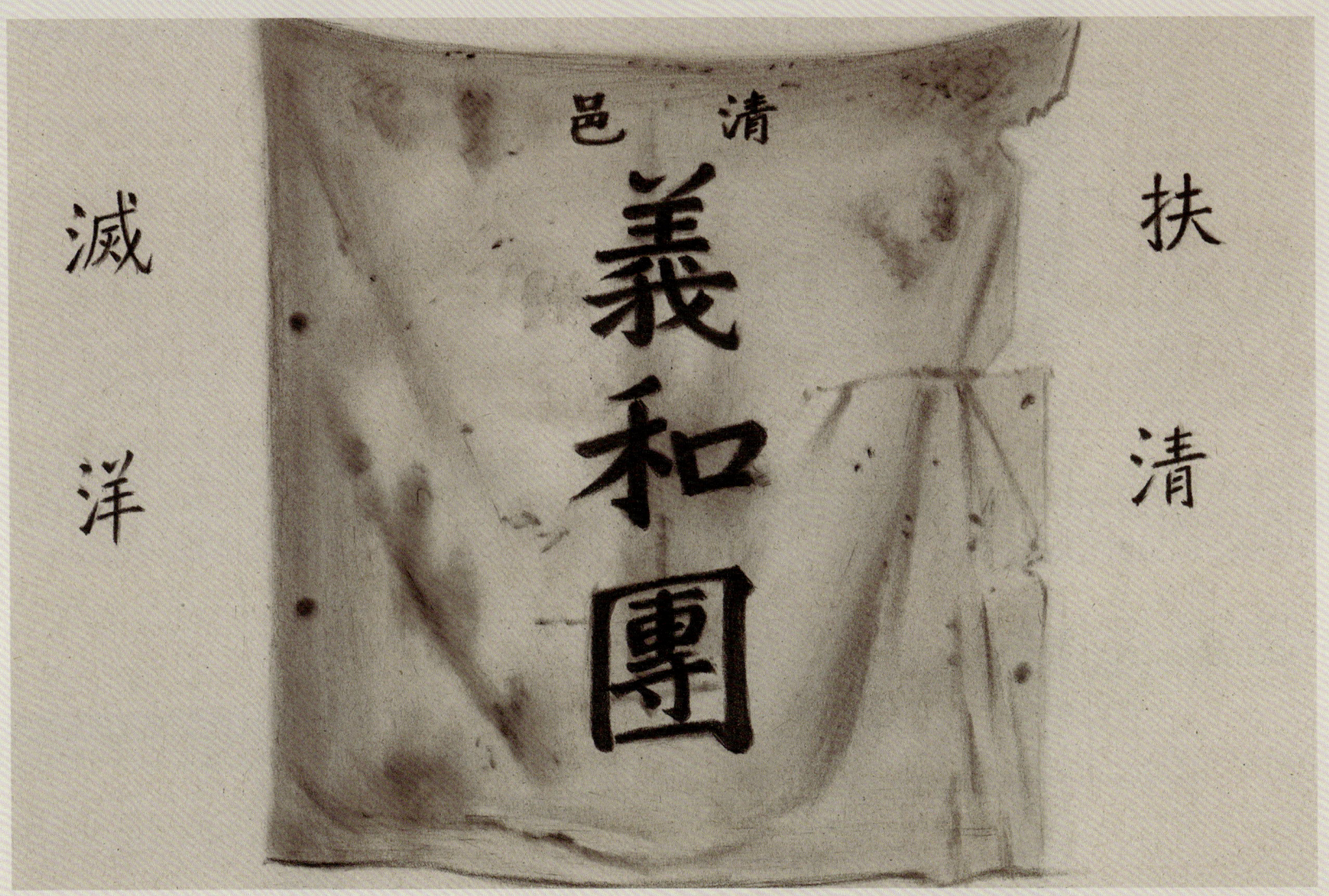

71. 19世纪末中国发生了一场以"扶清灭洋"为口号的农民运动——义和团运动。

72. 1897年山东曹州曾打死过两位横行霸道的传教士,德国政府就借口出兵占领了胶州湾。由此与洋人的冲突不断发生。老百姓痛恨"大毛子"和"二毛子",出现了大刀会形式的义和拳。

73. 义和拳兴起，起先打着"反清灭洋"的旗号。团众发展到几百万人，荒诞宣称刀枪不入。势力直逼直隶京畿。有"黑灯照""红灯照""青灯照"多个门派。山东巡抚李秉衡被革职后，继任的巡抚毓贤改剿为抚，把义和拳改为义和团。

74. 1899年冬,山东肥城发生英国圣公会传教士卜克斯被杀案件,在西方各国连续抗议后,毓贤被清廷免职。新任巡抚袁世凯带领北洋新军在山东大力镇压义和团。

75. 毓贤离职后到北京觐见慈禧太后，向她提出招安义和团；1900年1月，慈禧不顾西方外交人员的抗议，发布维护义和团的诏令。直隶总督裕禄本来是剿灭义和团，转变成扶助义和团。

76. 1900年6月7日，在清廷许可之下，大批拳民开始进入北京。

77. 6月11日，日本驻华使馆书记杉山彬在永定门内被刚调入京的董福祥甘军所杀，被开腹剖心。驻天津的各国领使组织二千人的联军，由英国的海军司令西摩尔带领，乘火车增援北京十一国公使馆。

78. 因为铁路被拳民破坏，西摩尔受阻于天津城外的杨村、廊坊一带，与清兵及义和团展开战斗不利，退回城中，致使第一次试图解除清兵和义和拳民对公使馆的围困失败。该战事是一次抗击外敌的重大胜利，并被命名为"廊坊大捷"。

79. 义和团改变宗旨为"扶清灭洋",受到了清政府的保护。6月13日,义和团进入内城,当天烧毁孝顺胡同亚斯立堂等共11所教堂。拳民在北京放火烧掉教堂和一切与西洋有关的事物。

80. 6月16日，义和团烧毁前门老德记西药房，而附近约千家商铺受波及而被烧成废墟，正阳门楼、北京24家铸银厂也遭烧毁。

81. 1900年6月20日,德国驻华公使克林德代表各国前去总理衙门要求保护,途中被清兵伏击,成为列强发动战争的借口。

82. 1900年6月21日，清政府以光绪的名义，向英、美、法、德、意、日、俄、西、比、荷、奥十一国同时宣战。慈禧颁布对八国联军的"开战诏书"，竟然相信依靠义和团就可以让这批"天神兵将"来赶走侵略的洋鬼子。

83.慈禧下诏刚毅、董福祥,开城门引入浩浩荡荡的义和团队伍来保卫京畿。慈禧说要化莠为良,折冲御敌。

84. 清廷向各国宣战的同时,也悬赏捕杀洋人,规定"杀一洋人赏五十两;洋妇四十两;洋孩三十两"。义和团及朝廷军队围攻各国在北京的使馆。

85. 6月25日,在载漪、载勋、载濂、载澜四兄弟的率领下,义和团一行六十多人直奔瀛台欲弑光绪帝,被慈禧太后阻止。

86. 事件最终演变为国际军事冲突。在事件平息之前,约有45000名来自日本、美国、奥匈帝国、英国、法国、德国、意大利及俄国的八国联军以及剿灭拳乱的清廷军队与义和团拳民对战。7月至8月进军北京的联军指挥官是俄国人General Linevitch。

87. 1900年7月14日,联军攻下大沽口炮台占领了天津;直隶总督裕禄兵败后自杀。7月28日,主和的大臣许景澄及袁昶被清廷处死。

88. 1900年8月4日,联军向北京进逼,沿途并没有遇到真正有力的抵抗。8月14日凌晨,联军来到北京城外,经两天的激战,到15日逐步攻占了北京各城门,随即与清军在京城各处展开巷战。

89. 1900年8月16日晚，八国联军已基本占领北京全城。慈禧及皇室在北京陷落之后立即仓皇离开，她化装成老村妇，坐毛驴小车逃到西安。

90. 逃离时,慈禧把一腔怒火发在光绪妃子珍妃头上,叫太监崔玉贵把珍妃抛到后道的小井里去,无论光绪如何哀求,都没有用。

91. 八国联军攻占北京后兵分数路，向南进犯保定，向西进犯山西，向北进犯张家口和山海关，所到之处烧杀抢掠，在中国犯下了滔天罪行。屠杀、抢劫、凌辱妇女无恶不作。

92. 11月方才抵达北京的八国联军统帅瓦德西承认:"所有中国此次所受毁损及抢劫之损失,其详数将永远不能查出,但为数必极重大无疑"。"又因抢劫时所发生之强奸妇女,残忍行为,随意杀人,无故放火等事,为数极属不少,亦为增加居民痛苦之原因"。

93. 八国联军分头抢财宝。俄军先到颐和园抢走一切珍贵珠宝。

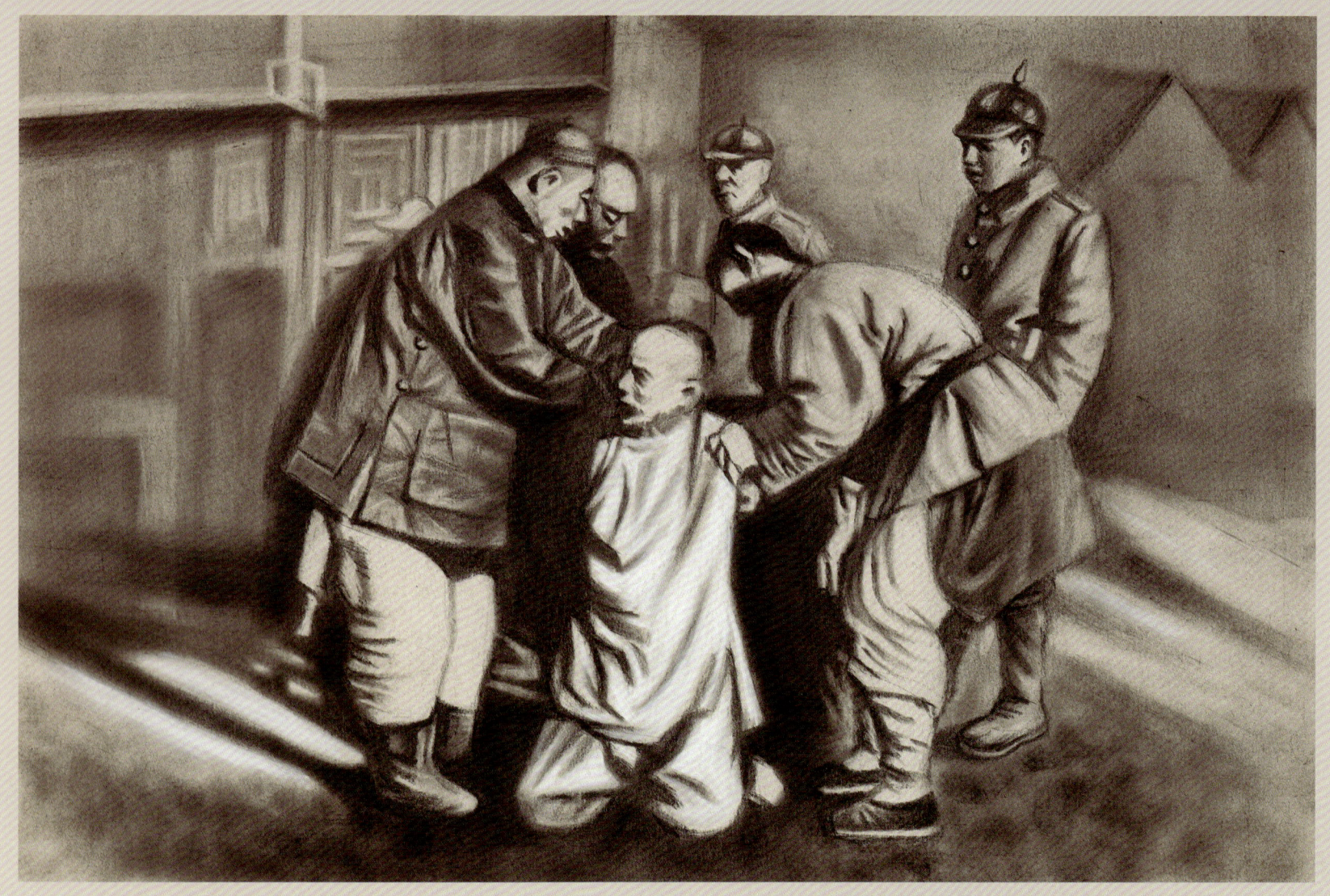

94. 八国联军还四处捕杀北京郊区的义和团成员。英军占领山海关。在保定，外国人居然违反国际法组织军事法庭，判处有过抵抗的布政使廷雍、守尉奎恒、统领王占魁死刑，斩首示众。

95. 12月10日列强成立"管理北京委员会"对北京进行统治。北京失陷也标志义和团运动失败。

96. 李鸿章1900年十月到达北京，住进贤良寺。与八国联军开始了艰难的谈判。慈禧西逃的一年多时间内，李鸿章担任了最屈辱的职位，那就是与西方列强谈判和签约。

97. 李鸿章拜访了英德等国的公使。邪恶列强们漫天要价,要求赔十亿两银子。李鸿章与他们极力周旋,感慨道:"弱国无外交,只遭受外人的欺负和讥讽!哪里是外交,简直是儿戏!"

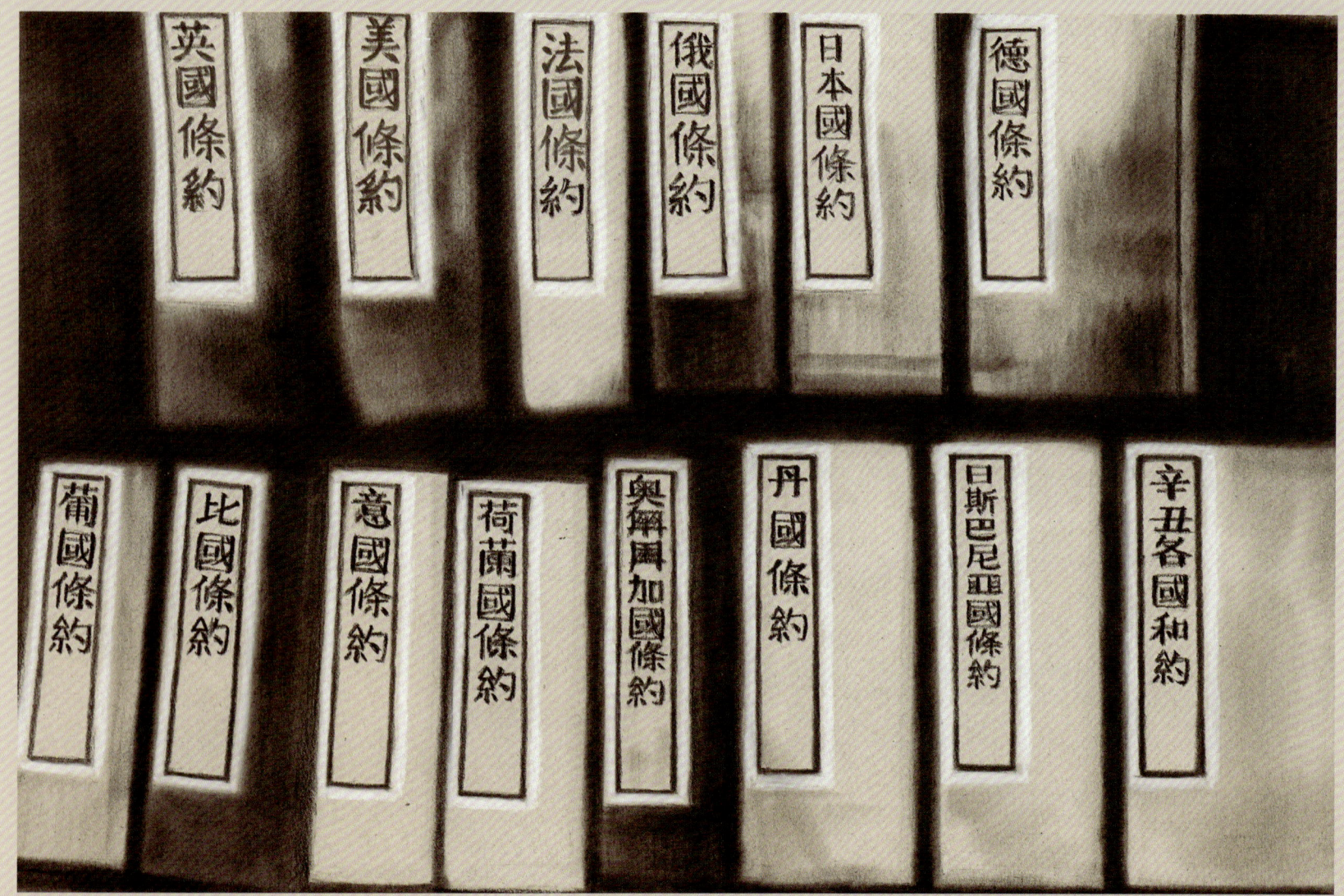

98. 1900年10月,法国率先提出惩治祸首、赔款、拆除大沽炮台等六项要求,作为与清政府谈判的基础。经各国公使多次会议加以补充、修改,12月24日,11国(八国之外加上比利时、西班牙和荷兰)共同向清廷提出《议和大纲》12条。清政府完全接受。

99. 在傲慢的列强谈判中,李鸿章病得大口吐血。他还是坚持要减少赔款,讨价还价,规定赔款总额为4.5亿两海关银,年息四厘,自1902年1月1日起,至1940年止,39年内,需付本息银总计9.8亿两,各省地方赔款2000万两不计在内。

100. 李鸿章还与英、德签订瓜分长江流域权力的《英德协议》。又与俄国签订《奉天交地暂且章程》。还允许外国人在武昌北门十里买商埠。

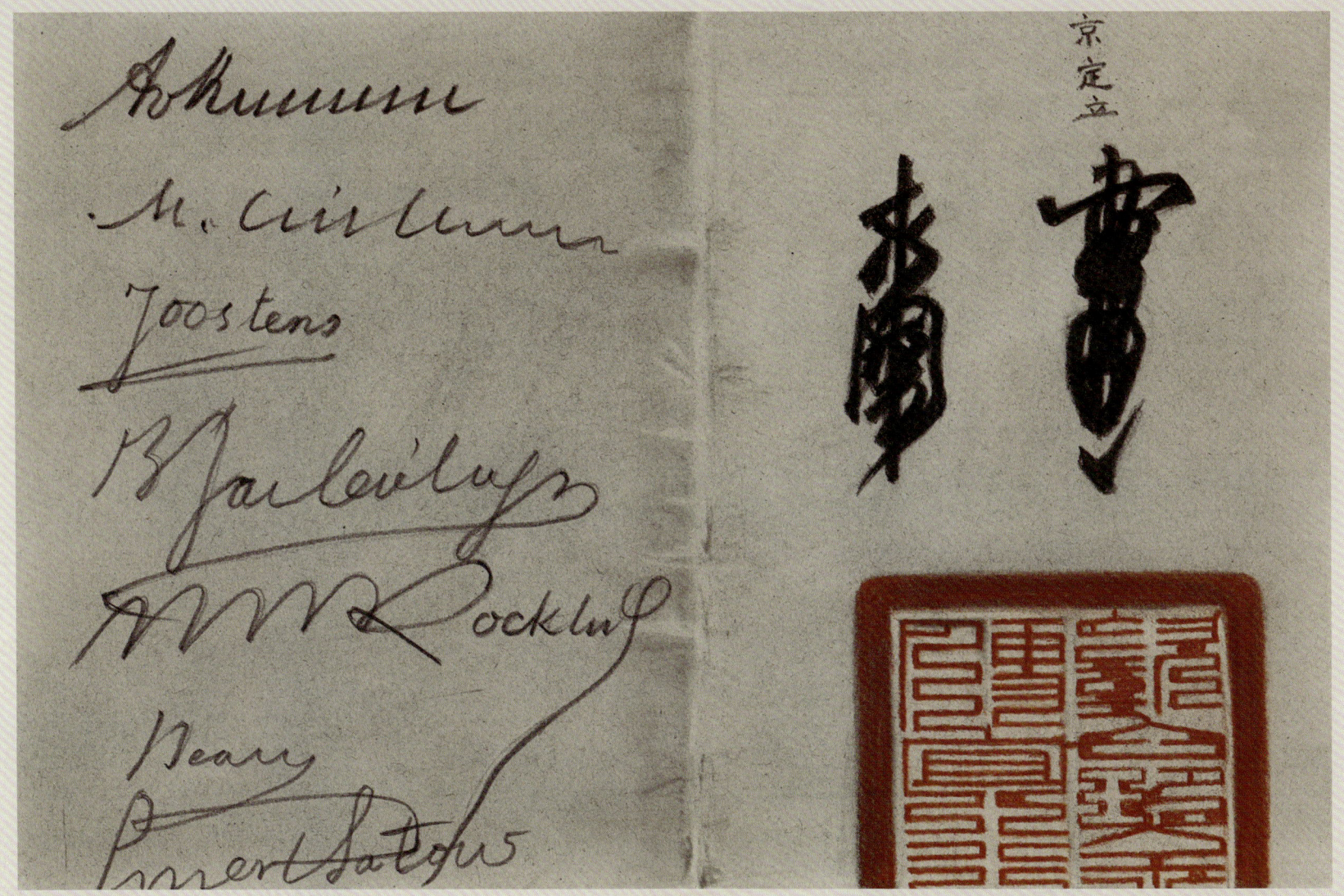

101. 李鸿章在签订条约时，没有签上自己的名字，他觉得无比屈辱和羞耻，只在条约上签了个"肃"字。不久，他就去世了。背上了个"卖国贼"的名字，被国人永久责骂。

102. 慈禧同意10名王公大臣革除职位，把那桐几位主战大臣在菜市口斩首。承认八国联军"管理北京委员会"。拆除大沽口炮台，划东交民巷为使馆区，不准中国人居住。

103.《辛丑条约》被认为是中国近代史上失权最严重的不平等条约。《辛丑条约》的签订，进一步加强了帝国主义对中国的全面控制和掠夺，表明清政府已完全成为帝国主义统治中国的工具，标志着中国已完全沦为半殖民地半封建社会。

104. 中日甲午战争之后,清王朝深感军事、科技等方面过于落后,打谁都打不过,于是萌生了往日本派留学生的想法。经慈禧同意,朝廷出资,湖广总督张之洞率先派武职去日本"观操",并选拔青年学子去日本学习。在日本的中国留学生多达八千多人。

105. 然而，一段时间后，张之洞等人发现了留日学生出现了问题：学子们到日本之后，接触了新鲜的理念和先进的技术，他们发现清王朝的落后，不单单是科学的落后，最主要的原因是腐朽的封建制度、专权统治！只有推翻清王朝腐败的政治统治，中国才能富强起来，于是，留学生们纷纷把矛头对准了清王朝！

106. 八国联军进北京之后，根据《辛丑条约》，各侵略国要陆续撤离中国，但沙俄没有撤出，妄图利用其他条约霸占东北的土地。消息传到日本后，留日学生掀起了轰轰烈烈的"拒俄运动"。

107. 孙中山自惠州起义失败后，1900年来到了门司，与日本友人岛田经一，平山周讨论再次革命起义的事，也获得犬养毅、宫崎的支持。

108. 孙中山在日本团结影响了一大批留日学生：钮永键、章炳麟、蔡元培、李书城、秦力山等。宣传了反清革命思想。

109. 在东京神田区骏河台的留学生会馆,孙中山参加了274位同学的恳亲新年会,会馆成为有名的"独立厅"。

110. 张继等人发起"少年中国"的组织,编译法兰西大革命书籍,赞同孙中山的主张。

111. 1903年4月，俄国撕毁中俄《东三省交收条约》，并提出七项无理要求，中国人民为此集会、游行、通电，表示反对，沙俄强占我东北三省，引起全国抗俄高潮。上海蔡元培、马君武在张园计划成立上海义勇队，全国拒俄高潮形成。

112. 蔡元培还宣读了东京留日学生的来电。当他读到"俄祸日急,留日学生已电北洋主战,结义勇队赴敌,望协助"时,群情激愤,与会者惊愕欲绝,随即由龙积之(龙泽厚)率领走出会场,排成列队,向东一鞠躬,以表示对留日学生的同情和敬意。

113. 北京、武昌等地学生集会抗议，罢课示威。在日本的留学生召开500余人的抗俄大会，会后成立了"拒俄义勇队"。留学生们表示"头可断，血可流，躯壳可糜烂，此一点爱国心，虽经千尊炮、万支枪之子弹炸破粉碎之，终不可以灭"，"宁为亡国鬼，不为亡国人"。

114. 但清政府却要求日本政府出面镇压,理由是"名为拒俄,实则意图作乱",浇灭了留日学生的爱国热情,留学生们也因此认清了清王朝的真实嘴脸,坚定了推翻清王朝的决心,中国民主革命的思想"留东学生提倡于先,内地学生附和于后,各省风潮从此渐作"。

115. 以慈禧、荣禄为首的满族权贵害怕失去自己的政治地位和封建统治，1901年派蔡均去日本，严厉监管留日学生，增加许多惩处条例。当时，国内自费留学生吴敬恒、孙揆均等人远渡日本，希望学一身本领报效国家，但蔡均不允许他们进去成城学校学习，不予办理入学手续，还串通日本警察把这几个人抓了起来。

116. 这件事令青年学子们义愤填膺，联名上书外交部，认为蔡均此举"有辱国格"，请求将蔡均撤职遣返回国，但无果。蔡均联合日本警察将吴敬恒、孙揆均等人押解出境，没想到二人竟跳河自杀！后来虽被救起，但留学生们群情激愤，不可遏止。自此清政府为自己敲响了丧钟。

117. 孙中山在日本开展反清革命的同时，朱和中、胡秉中、魏宸组、李崇武、杨度等一起秘密宣誓反清救国。

118.杨度介绍湖南奇男子黄兴参加。黄兴介绍了陈天华、蔡锷、刘道一、杨毓麟、禹之谟等人。

119. 黄兴回国后，先到上海，与当时《苏报》的主笔章士钊会晤，并结识了沪、宁等地一些人士。同年11月4日，黄兴以过30岁生日为名，邀陈天华、张继、刘揆一、宋教仁、章士钊等人秘密集会，商定创立华兴会，众人公举黄兴为会长。随后联络会党，议定于次年秋乘慈禧过70岁生日时在长沙起义。事泄，黄兴逃亡日本。

120. 光绪三十一年（1905年），黄兴在日本结识孙中山，大力支持孙筹组革命组织同盟会，成为会中仅次于孙的领袖。随后即将主要精力放在发展革命分子、组织武装起义。

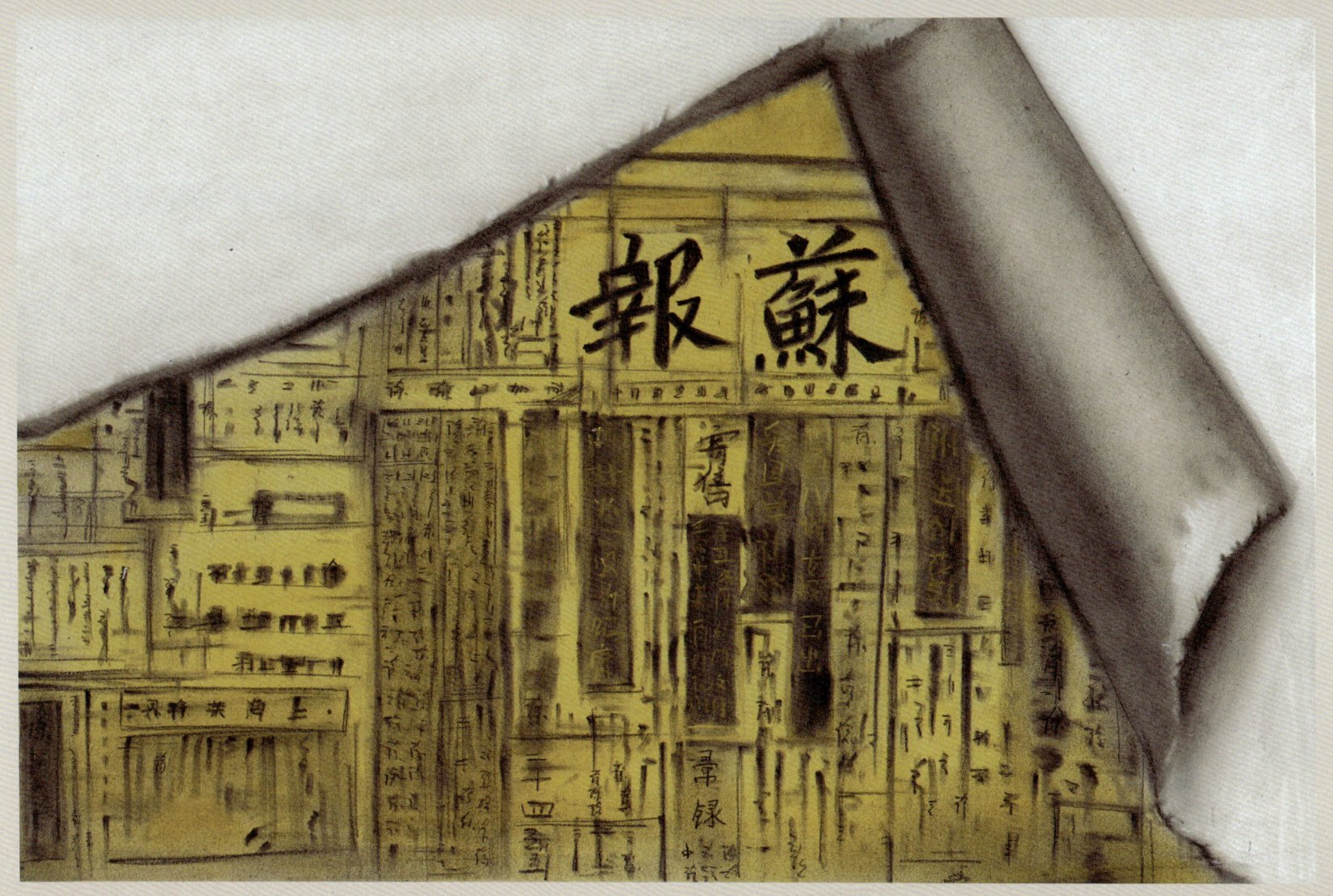

121. 上海的《苏报》诞生于1896年。在陈范接手之后,发表《商君传》《铁血俾斯麦传》等文,报刊面貌一新。梁启超也给予很高的关注。蔡元培吸收陈范加入中国教育会。《苏报》开始挖掘社会新闻。

122. 当时上海南阳公学发生了退学风潮。学生受盛宣怀洋务运动思想，对于郭教习不满，抗议他夸大墨水瓶事件，200多位学生第二天罢课，高呼"祖国万岁"，最终获得了胜利。

123. 章炳麟担任他们的作文课老师，在《苏报》上发表斥责校方顽固派的愚昧，干涉言论自由。陈范聘请章炳麟担任《苏报》主笔。自此《苏报》成了进步思想的阵地。赞扬青年邹容，邹容的《革命军》书出版。邹容号召人们为祖国抛头颅，洒热血，与清政府恶魔拼到底！

124. 邹容高呼:"中华共和国万岁!"章炳麟在《苏报》发文说:"杀尽胡儿才罢手!""借君颈血,购我文明,不斩楼兰死不休,壮哉杀人!"他在文中直呼光绪皇帝载湉小儿的名字,被清政府认为大不敬!

125. 这些文章在上海刮起一阵巨大风暴,令清政府极为恐慌,指名蔡元培、章炳麟、邹容为要犯。工部局发出七人的传票,包围爱国学社,抓了章炳麟。陈范逃走。

126. 章炳麟主动给邹容写信,劝他自动投案。1903年7月1日邹容徒步到四马路巡捕房投案。他俩本可以逃走的,但他们为了革命民主,不惜牺牲自己。蔡元培只得避走青岛。

127. 章炳麟、邹容被捕后,清政府台前台后许多大员出面交涉,张之洞、端方、魏光涛要压制舆论置他们于死地。章炳麟当年36岁,邹容年仅19岁。章在法庭一口咬定《革命军》是他写的,决不妥协,没打算活着出去。7月24日法庭判决章、邹两人永远监禁。

128. 中外舆论一片哗然，各报刊指出：思想、言论、出版等十三大自由是神圣不可侵犯之物。坚决不能将两人交给清政府，呼吁释放。在各国公使团的干预下，会审公廨作出判决：章炳麟监禁三年，邹容监禁两年，被罚做苦工。

129. 邹容自入狱起,即抱定为革命牺牲的决心。他同章太炎在狱中赋诗明志,互相砥砺。闰五月二十八日,章吟《狱中赠邹容》一首:"邹容吾小弟,被发下瀛洲。快剪刀除辫,干牛肉作糇。英雄一入狱,天地亦悲秋。临命宜掺手,乾坤只两头。"

130. 邹容即赋《狱中答西狩》相唱和："我兄章枚叔，忧国心如焚。并世无知己，吾生苦不文。一朝沦地狱，何日扫妖氛！昨夜梦和尔，同兴革命军。"充分表现了革命者临危不惧，勇于献身，对前途充满信心的高尚情操和英雄气概。

131. 不幸的是，邹容距出狱只有两个多月，在工部局医院服用一包药后，吐血不止。1905年4月3日凌晨狱中逝世，年仅20岁。噩耗传出，中国教育会立即为他开追悼会。遗骸由革命志士刘三（季平）冒险运出，安葬于上海华泾乡。

132. 章炳麟被关三年，1906年出狱后，孙中山迎其至日本，参加同盟会，主编同盟会机关报《民报》，与改良派展开论战。

133. 清政府出十万大洋要求抓捕康有为、梁启超。梁启超写信给孙中山要求拥戴光绪皇帝为大总统,让保皇党和革命党两家结合。因为孙中山不可能放弃自己排满主张,注定了两人永远走不到一起!

134. 1905年7月,孙中山在日本东京倡导筹备成立中国同盟会。将国内外所有的反清组织兴中会、华兴会、光复会等组合起来,形成统一的救亡组织。孙中山在神乐阪发表形势报告和自己的革命主张,要联合十八省留学生汇聚东京,建立革命大同盟。陈天华在会上很肯定孙中山是当之无愧的我辈领袖!

135. 1905年7月20日，在内田良平赤坂区黑龙会本部，兴中会、光复会、军国民教育会、青山军事学校、科学补习所、二十世纪支那社、军国民教育会暗杀团、日知会等华人团体73人莅临大会。

136. 孙中山主持会议，详谈全国革命形势和各个党派必须组合新团体的主张。提出建立"中国同盟会"。到会的还有日本友人宫崎寅藏、内田良平、末永节等人。

137. 会议讨论了宗旨是孙中山提议的"驱除鞑虏,恢复中华,创立民国,平均地权"。与会者一致赞同。黄兴提议:"由孙中山先生为本党的党总理,举手通过!"孙中山起草盟书,由陈天华、黄兴审定。中国同盟会誓言为"驱除鞑虏,恢复中华,创立民国,平均地权。矢信矢忠,有始有卒,有逾此盟,任众处罚"。

138. 1905年8月20日，中国同盟会在东京赤坂区坂本金弥子爵别墅的二楼榻榻米房正式召开成立大会，有17省100多人参加，会议气氛热烈。黄兴宣读章程。按照"三权分立"的原则，会上推举孙中山为总理，孙中山总理下设立执行、评议、司法三个部。黄兴为执行部庶务，汪兆铭为评议长，邓家彦为司法部判事长。

139. 大会又通过以《二十世纪之支那》杂志作为同盟会的机关报,后改名为《民报》。《民报》在章炳麟、陶成章等主编下,由胡汉民、汪兆铭等执笔,与由康有为、梁启超执笔的主张保皇的《新民丛报》展开激烈论战,成为革命思想的重要阵地。

140. 孙中山提议把未来成立的国家命名为"中华民国"。用青天白日旗,增红色于上。

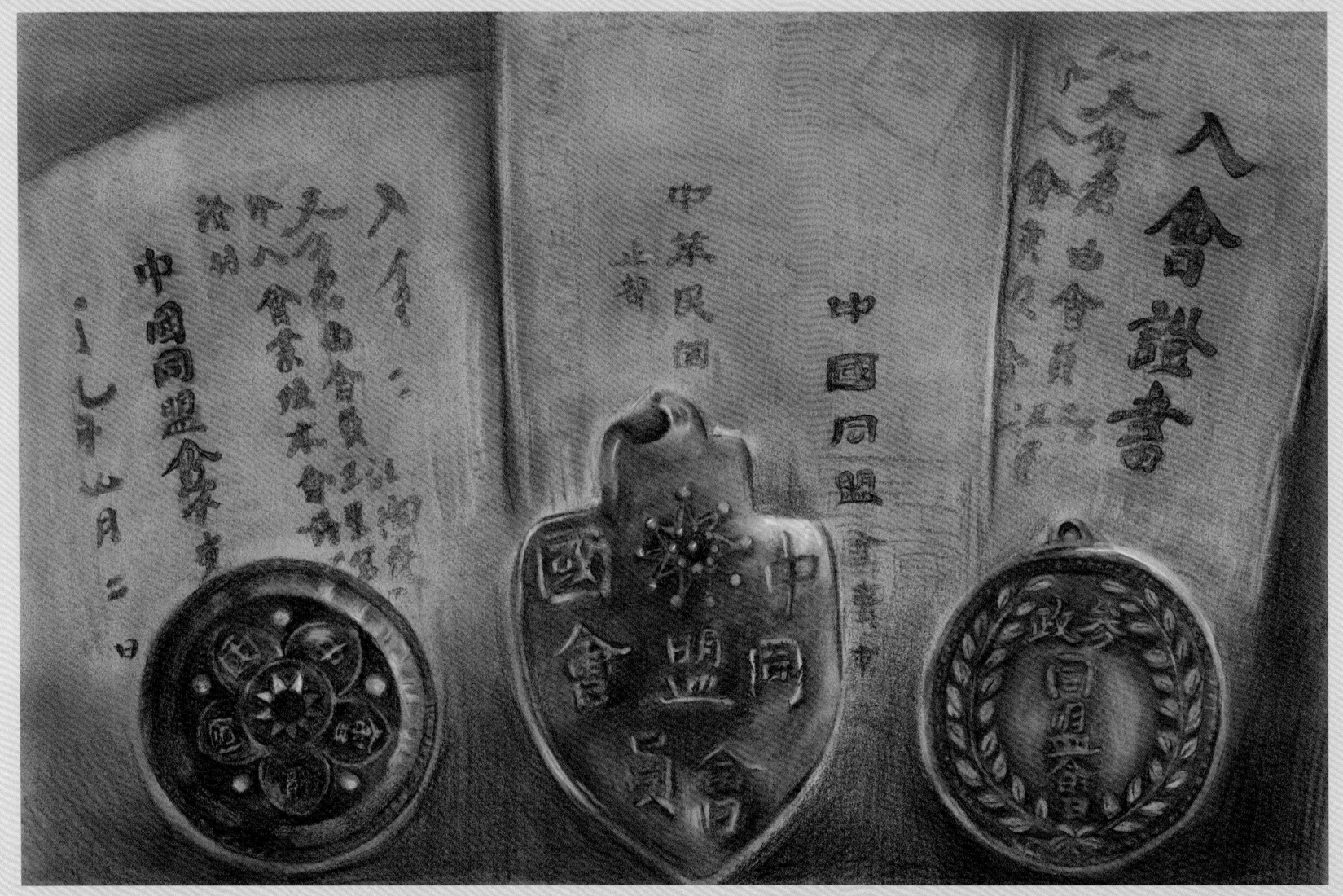

141. 孙中山派出各路使者，到香港、澳门等地成立分会。很快，上海、云南、江苏、湖北、江西、浙江、河南、重庆、河北等地分会相继成立，还创办了当地的各种机关报纸杂志。海外美洲、英国、缅甸、加拿大、菲律宾、欧洲等地的同盟会分会纷纷成立，积极展开活动，建立了强大的反清革命的力量。

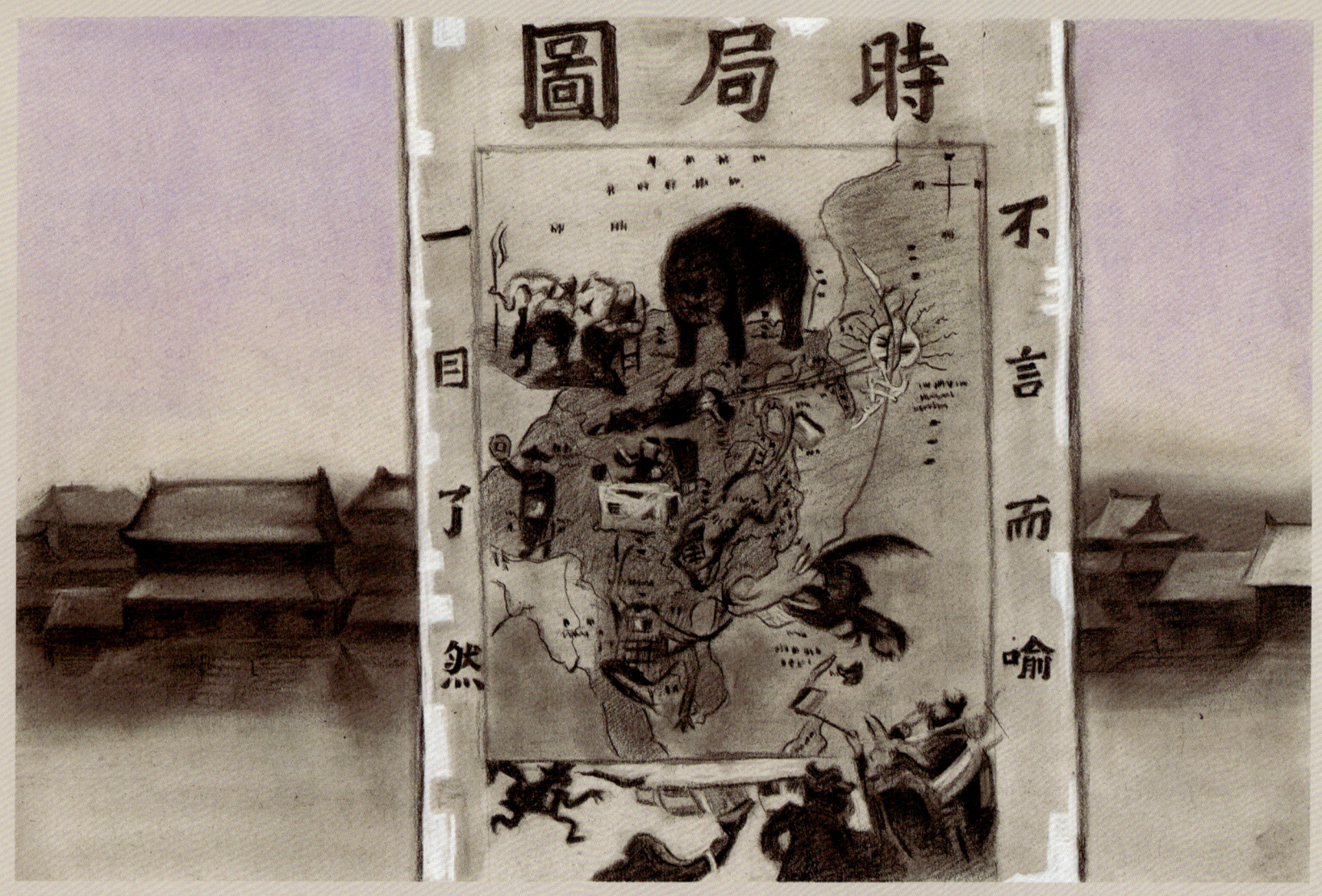

142.《时局图》是中国近代时事漫画的杰作。它把19世纪末中国面临的被帝国主义列强瓜分豆剖的严重危机,及时地、深刻地、形象地展示在人们面前,起到了警世钟的作用,给人以"亡国灭种"的危机感。

143. 国内救亡风起云涌。1903年章炳麟、冯自由、秋瑾、蔡元培、徐锡麟、陶成章等在浙江成立的"光复会",计划杀掉慈禧太后。杨守仁、苏鹏带炸弹到北京要刺杀慈禧,因戒备森严,无从下手。

144. 1905年7月,陶成章在上海接到秋瑾带来的徐锡麟关于共商革命大计的信后,和龚宝铨一起回到绍兴,与徐锡麟商讨培养革命骨干问题。

145. 此时光复会正计划创办一所学校,用办学名义,对浙江各地的会党骨干分子进行军事培训,为发动武装起义,推翻封建专制统治做准备。陶成章便与徐锡麟等人一起着手筹办大通学堂。

146. 1905年9月23日，大通学堂举行了开学典礼，由徐锡麟、陶成章负责，钱葆荪任总教习，陈魏任总监。从此，大通学堂成了光复会吸收会员、从事会务活动的主要基地，也是中国资产阶级革命党人创办的第一所培养军事干部的学校。

147. 秋瑾,浙江绍兴人,别号竞雄,字睿卿,又称鉴湖女侠。出生世家,15岁嫁给富商王廷钧,不满婚姻毅然出国追求真理。临行写道:"钗环典质浮沧海,骨肉分离出玉门。"秋瑾毫无脂粉气,自幼崇拜花木兰。很早与革命人来往,参加冯自由在横滨组织的洪门天地会,被封为"白纸扇",意即军师的职位。

148. 1905年7月,秋瑾再次来到日本,黄兴引荐与孙中山。交谈中发现他们的见解完全一致。秋瑾对反清之士,皆引为同志。在日本留学生反清革命的多次大会上,秋瑾健步上台,慷慨陈词,荡人心魄。

149. 秋瑾在日本和国内编过《白话》《白话报》《中国女报》，发表《警告我两万万同胞》《演说的好处》等文章，反对"女子无才便是德""夫为妻纲"的腐儒说法，要求女权解放，宣传革命。

150. 1905年，为了打压清国留学生的革命热情，清廷通过公使向日本政府请求，于是日本政府颁布了《清国留学生取缔规则》，引得留学生哗然一片，形成了两派意见：一派坚决主张罢课回国，继续革命兴办教育；另一派则认为，应该继续留在日本学习。秋瑾是第一派的骨干分子，劝说留学生归国。鲁迅则认为他尚未完成学业，归国只能一事无成。

151. 1905年，陈天华为抗议日本政府颁布的《清国留学生取缔规则》，在日本东京大森海湾愤而蹈海殉国，时年30岁。陈天华在东京与宋教仁创办《二十世纪支那》杂志；辅佐孙中山筹组同盟会，起草《革命方略》；《民报》创刊后任编辑，参与对康、梁保皇派的论战。

152. 此事引起轩然大波。秋瑾等激进革命党人,甚至还私设法庭,在陈天华的追悼会上,秋瑾情绪激动,在会上把所有反对留学生归国的人,包括胡汉民、汪精卫等人都判处了"死刑"。并从靴子里拔出倭刀,大喝"投降满虏,卖友求荣。欺压汉人,吃我一刀"。

153. 1907年1月14日，秋瑾与易本羲一起归国，她一回国就加入了徐锡麟的光复会。国内还有很多公开和秘密的组织，如"知耻学社""公强会""益闻社""汉族独立会""强国会""我群社""岳王会"等。反清活动此起彼伏，他们还在新军中发展革命党人。

154. 秋瑾以大通学堂为基地，联络义乌、金华、兰溪，诸暨的会党在金华起义。秘密编制光复军制，收集武器，起草讨清檄文。1907年7月6日，徐锡麟在安庆起义失败，徐锡麟慷慨就义。其弟弟徐伟供词中牵连秋瑾，暴露了秋瑾起义计划。

155. 1907年7月10日,秋瑾已知徐失败的消息,但拒绝了要她离开绍兴的一切劝告,表示"革命要流血才会成功"。她遣散众人,毅然留守大通学堂。秋瑾闻知将有清军来逮捕她,坚决不肯逃走,手持武器说:"革命要流血才会成功!"毅然留等清军来抓。

156. 13日,清军包围大通学堂,秋瑾被捕。她坚不吐供,仅书"秋风秋雨愁煞人"以对。14日山阴县县令李钟岳提审她,并百般劝降,秋瑾坚持不吐供。

157. 秋瑾被判死刑，在堂上提出三个要求，第一，她不是强盗，不要像处决强盗一样让她身首异处，她要全尸；第二，她是个女人，不要被剥去衣裳，她要留住一个女人最后的尊严。第三，要给孩子写一份书信。

158. 1907年7月15日凌晨，秋瑾从容就义于绍兴轩亭口，时年仅32岁。100天后，山阴县县令李钟岳因为羞愧杀了秋瑾，悬梁自尽。

159. 1906年，湖南的醴陵、萍乡、浏阳大旱，颗粒无收，米贵如珠。百姓面对官吏横征暴敛，打着"杀鞑子""官逼民反"的旗号揭竿而起。同盟会派刘道一、蔡绍南去长沙准备起义，聚集了大约有十万之众。1906年十月初三，蔡绍南率2000余人袭击了麻石衙门，浏阳各地纷纷响应。因为没有一致的政治目的，军事上蛮干，不久都被清军镇压。

160. 清军大开杀戒,起义军被杀上万人,无辜百姓也被杀两万余人。重要同盟会干部刘道一、禹之谟、蔡绍南牺牲。有九人下狱受刑,体无完肤。朱亚东大骂清军:"平天下事,是我们的职责,革命党是不怕死的!"

161. 消息传到东京，黄兴等人悲痛欲绝，"吾每计革命，惟道一独能周详，精通英语，为外交好人才！"陈独秀在芜湖也积极筹备岳王会起义，事泄失败。接着黄冈起义、惠州起义、城防起义、镇南关起义，都因为敌强我弱，归于失败。

162. 孙中山亲自指挥镇南关炮台战斗，还击中敌人阵地。他兴奋地对左右说："我反对清政府二十余年，今日始向禽兽发炮击清军！"孙中山与黄兴在钦州河口之战中，也甘冒枪林弹雨，冲锋在前。由于郭仁漳人鼠两端，及战场瘟疫，镇南关起义失败。同盟会成立后七次起义都失败了。

画说辛亥

(中)风起云涌

万翠屏 / 著

张刚 万翠屏 / 绘

团结出版社

图书在版编目(CIP)数据

画说辛亥. 中册 / 万翠屏著；张刚，万翠屏绘. ——北京：
团结出版社，2021.10
 ISBN 978-7-5126-9088-2

Ⅰ.①画… Ⅱ.①万… ②张… Ⅲ.①辛亥革命－通俗读物 Ⅳ.①K257.09

中国版本图书馆CIP数据核字(2021)第158905号

出版：团结出版社
　　　（北京市东城区东皇城根南街84号　邮编：100006）
电话：（010）65228880　65244790
网址：http://www.tjpress.com
E-mail：zb65244790@vip.163.com
经销：全国新华书店
印装：武汉银翔印刷有限公司

开本：185mm×260mm　　16开
印张：34
字数：55千字
版次：2021年10月第1版
印次：2021年10月第1次印刷

书号：978-7-5126-9088-2
定价：398.00元（全三册）
　　　（版权所属，盗版必究）

1. 保皇党梁启超游欧东归后，一直反对革命，反对共和。在《新民丛报》上发表长文，说中国只有君主立宪，革命会生内乱招致瓜分。梁启超公开攻讦孙中山，认为孙中山的革命会招致大流血。

2. 胡汉民在《民报》上发表《斥'新民丛报'之谬妄》的文章，说明孙先生提的革命必定会有流血，怕流血是书生的主张。

3. 慈禧西逃一年后,盛大回北京。在途中,她接到奏章,说李鸿章去世,慈禧觉得失去了一条臂膀很悲痛。慈禧太后经历了辛丑之变,看到了民心所向,也决心变法。

4. 1901年三月，慈禧成立了新政督办政务处，由王文昭、荣禄、昆冈、鹿传霖为督办大臣。汇编新政"政典"推行。

5. 慈禧的新政比维新变法走得更远，如停止捐款买官、废科举、办学校、奖励工商业、准许满汉通婚、筹饷练兵等几十项，在通商、海防、邮电、路矿等，都制定了一系列新法。1905年五大臣出洋考察。

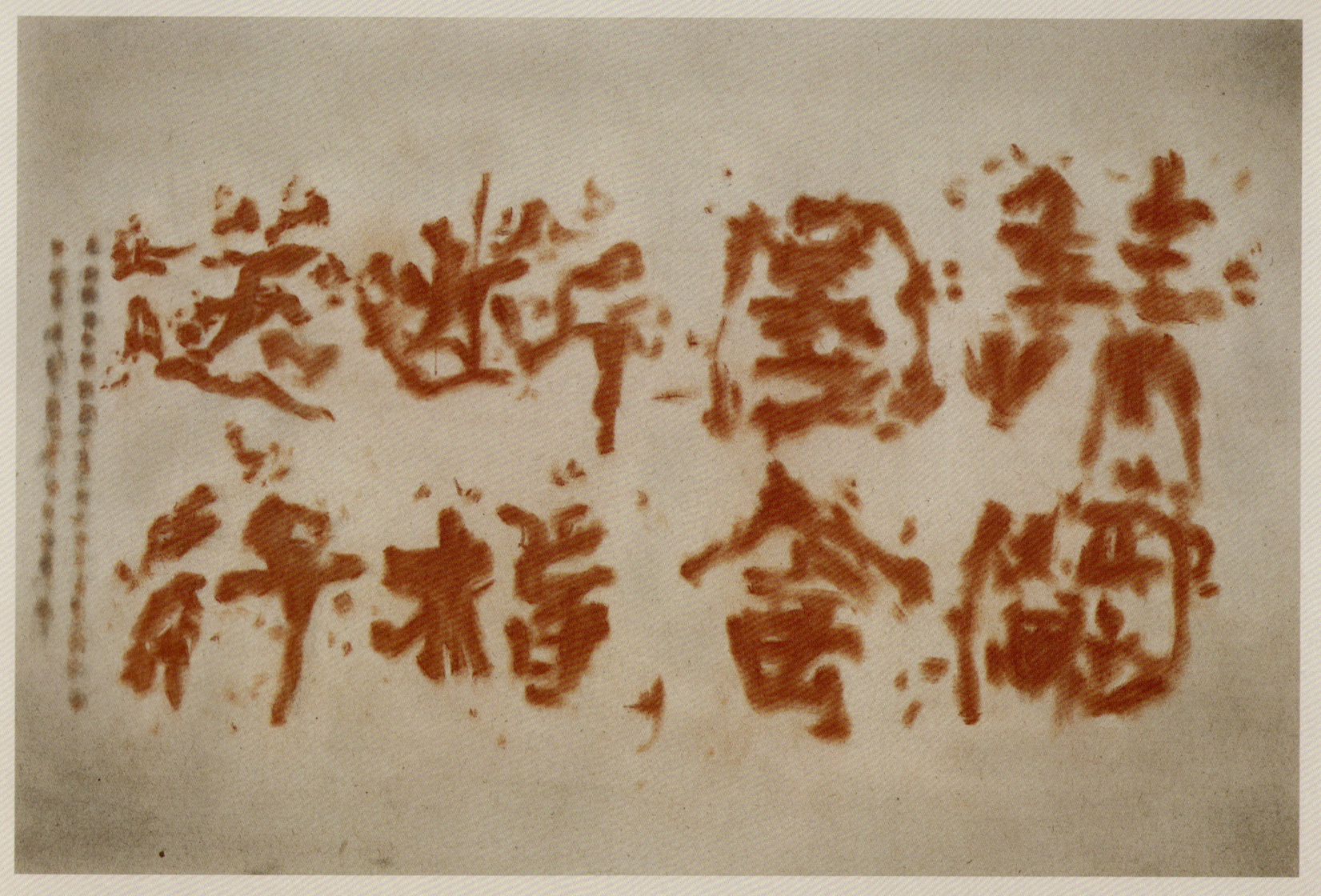

6. 按照慈禧的步骤,要等九年后中国才能开国会,先必须把宪法大纲完善。缓慢的步骤受到朝野各派指责,认为太晚了。革命党人加快了起义准备和舆论的讨伐。

7. 1905年9月24日，五大臣在出发去欧洲前，在北京正阳门火车站受到革命党人吴樾的炸弹行刺。端方等人受伤，刺客吴樾当场炸死。考察宪政的五大臣名单稍有调整，兵分两路：载泽、尚其亨、李盛铎前往日本、英国、法国、比利时；戴鸿慈、端方前往美国、德国、奥匈、俄国、意大利。

8. 考察政治大臣出访约半年，考察了14个国家。其间参观议院、行政机关、学校、监狱、工厂、农场、银行、商会、邮局乃至博物馆、戏院、浴池、教会、动植物园等，拜会政治家、学者，听讲宪政原理，调查各项政治制度，搜集各类图书和参考资料等。

9. 1906年8月26日，出洋考察大臣代表载泽上奏《奏请以五年为期改行立宪政体折》上报慈禧，载沣、袁世凯同军机处讨论，但满清贵族全体反对君主立宪。

10. 清政府只好请杨度在颐和园开办立宪救国的贵族讲习班,说服顽固派支持立宪。慈禧太后于光绪三十二年(即1906年9月1日)下《宣示预备立宪谕》宣布预备立宪。

11. 1907年预备立宪公会。清政府提出要在中央筹设资政院,在各省筹设咨议局。张謇、汤寿潜等人在上海成立预备立宪公会,之后各地立宪公会纷纷建立。

12. 各地（特别在湖广、两江一带）主张立宪的政治团体陆续发表宣言，鼓吹实行君主立宪政体，同时发起国会请愿运动，提出速开国会、颁布宪法、缩短预备立宪期限等诉求。

13. 清政府的立宪让保皇派康有为、梁启超大喜,觉得要迅速立宪才好,与熊希龄、杨度成立了一个"宪政会",对抗孙中山的革命党兴起。

14. 1908年清政府颁布《钦定宪法大纲》,规定大清帝国万世一系,同时宣布"九年后实行立宪"。

15. 袁世凯早年发迹于朝鲜。1882年,朝鲜发生壬午军乱,朝鲜国王李熙(朝鲜高宗)之父兴宣大院君李昰应利用军队哗变,成功夺权;朝鲜王妃闵妃一党与大院君有隙,请求清廷出兵平乱,袁世凯乃跟随吴长庆的部队东渡朝鲜。

16. 1895年6月底，刘坤一、李鸿章、王文韶三名封疆大吏联名上奏折保荐袁世凯，于是光绪帝下旨命已回籍的袁世凯入京觐见。袁世凯被光绪皇帝召见以后，又在8月底以一封万言条陈呈送皇帝，提出了一个完整的改革纲领，其内容为储才九条、理财九条、练兵十二条、交涉四条，充分体现出袁世凯的改革思想。

17. 1895年12月8日，奕䜣、荣禄等王大臣联名奏请派袁世凯督练新建陆军，同日光绪帝予以批准，袁世凯正式入主天津小站，开始用西法编练中国首支新式陆军。袁世凯在推行新政中，把"小站练兵"的队伍扩大成庞大的新军。袁世凯一下子身兼12个要职，他的天津总督衙门成了"第二政府"。

18. 袁世凯在北洋集团势力的扩张,对掌握中央政柄的满洲亲贵集团的世袭地位构成严重威胁。皇室亲贵煽动一些御史上疏屡次弹劾袁世凯权高势重,甚至预言将步曹操、刘裕后尘。权贵们还集体弹劾袁世凯贪污公款。

19. 袁世凯为了新政条款不同意见与载沣争吵，双方一直激烈争辩，在一次会议上，醇亲王载沣竟拔出手枪直抵袁世凯胸前大声说："尔如此跋扈，我为主子除尔奸臣！"经奕劻调解，方才作罢。

20. 1906年，袁世凯以退为进，主动奏请将第一、三、五、六镇交与陆军部直接管辖。慈禧为调整朝局，决定将袁世凯和张之洞内调。1907年，袁世凯到北京任军机大臣兼外务部尚书，成为中枢重臣。

21. 慈禧知道自己不久人世,下诏立溥仪为皇储。醇亲王为监国摄政王。醇亲王夫人是慈禧的妹妹,醇亲王虽能力不强,但会忠心耿耿继承慈禧的政治路线。

22. 1908年10月21日,光绪帝驾崩。第二天晚,慈禧太后病死。光绪帝极其痛恨袁世凯在百日维新中卖友求荣,害死了珍妃。他留下的遗嘱是"杀袁"。

23. 在百官拥戴下，三岁的溥仪在1908年十一月初九登基，年号宣统。登基之时，百官行庆典礼。时值寒冬，小皇帝哭闹不止，越哭越凶："我要回家！我不在这儿！"

24.摄政王在旁说:"别哭,别哭!就完了,完了我们就回家!"一语成谶,大清三年后就完了!

25. 醇亲王载沣27岁，为人优柔寡断，志大才疏。见袁世凯势力布满朝廷，又不敢杀袁世凯。只下一道诏书，说袁世凯"现患足疾，步履艰难，难胜职任，着即开缺，回籍养疴"。

26. 袁世凯回到老家卫辉城洹上村后，学刘备种菜钓鱼，还装扮渔翁样子，叫人拍照散发。暗中却联络自己的部下，为东山再起做准备。袁世凯派人与孙中山联络，要求合作，遭到孙中山的坚决拒绝。

27. 革命党人在两宫驾崩后,不断发动起义。其中影响较大的有熊成基在安庆的起义。安庆原有"岳王会",以武备学堂的熊成基、柏文蔚、范传甲等人为骨干。徐锡麟刺杀恩铭失败后,仍坚持反清斗争。

28. 熊成基，1887年出生于江苏扬州的一个小官吏家庭，他崇敬历史上的民族英雄岳飞、史可法。遂投考安徽安庆武备练军学堂学习军事，立志报效祖国。

29. 不久，武备练军学堂停办。熊成基离开安庆，到江苏应征入伍。1905年底熊成基参加了光复会。1906年，熊成基从炮兵速成学堂肄业；同年春，经赵声介绍，他加入了同盟会。

30. 1907年,熊成基调回安庆,任第31混成协马营队官,继续在新军中秘密进行革命宣传活动,发展组织,团结革命力量,为准备起义而奔走联络。同年7月,徐锡麟在安庆起义失败,熊成基、范传甲等人对徐锡麟被惨遭杀害感到极为悲愤,决定再次在安庆发动起义。

31. 当时，倪映典、熊成基、范传甲为岳王会安庆分部主要负责人，他们感到要想革命成功，非用武力不可，便确定以新军为主要争取对象。他们有组织地开展活动，积极在新军中宣传革命思想，发展会员。革命力量迅速发展壮大，为安庆新军起义打下了基础。

32. 1908年11月19日，熊成基约薛哲、范传甲、田激扬、张劲夫等人在安庆杨氏试馆召开秘密军事会议，认为时机紧迫，须详细制定起义计划准备起义。同盟会会员倪春映带骑兵营，从南京调防安庆，他曾经与熊成基寻机会起义，但还是因行动泄露，急于求成而失败。

33. 1908年冬，清廷令南洋新军和湖北新军集结安徽太湖举行秋操大典，大臣荫昌、端方都会来检阅。熊成基觉得是"天助我也"的好机会，决定十月二十六日晚九时在马炮营发难！

34. 计划以炮营和马营为起义军主力,先在城外起义;薛哲率步兵第二营和范传甲的工程队在城内接应;攻占安庆后,作为起义军基地,然后连夜赶往太湖逮捕检阅秋操的大臣荫昌和端方,号召参加秋操的新军参加起义。

35. 会上，公推熊成基为安庆革命军总司令，负责全军指挥。熊成基在会上宣布了他早已拟好的作战密令13条，决定当晚起义。当晚，炮营左队队官徐召伯进城告密，朱家宝得密报后下令禁闭各城门，又调集军队加强城防，严密控制。

36. 熊成基为总司令，发表作战命令。把队伍分为三路，夺取军械库、电报局、巡警营，次日五时，起义部队在安庆五里庙集中。

37. 晚九时，熊成基对马炮营弟兄们说："'满清'气数已尽，今帝后绝世，我等推翻'满清'，救灾今日是也！"士兵们踊跃参加，与马营合为一道，带数千人浩浩荡荡进发。

38. 炮营管带陈昌镛赶来阻止，被正目张鸿尧、士兵黄节用炮闩打死。起义军立即放火焚烧炮营，向各营发出起义的联络信号，并整队向北门进发。早已准备就绪的马营也举火为号，同步行动。

39. 马营革命党人田激扬、周正峰等人劝炮营管带李玉椿参加起义,遭到拒绝后,李玉椿翻窗逃跑。田激扬等人遂放火焚毁马营,整队开往北门。

40. 熊成基统率炮营起义军与马营会师后,先到陆军小学堂取得枪支,又直奔离北门约5里的菱湖嘴弹药库取得子弹和炮弹。接着,用火药炸开62标第3营前后营门,打死阻止起义的排长周天长等人。

41. 第3营前、左、右三队以及驻在城外的辎重队等均响应起义。同时，又摧毁了61标营房围墙。吓破了胆的61标标统蒋与权跪在道旁迎接起义军，全标3个营大部分响应起义，起义军声势大振，乘胜向安庆城北门、东门挺进。

42. 熊成基率各路起义军抵近城墙，预备趁天黑进入安庆城。商定担任城内接应的薛哲动作迟缓，当他听到城外密集的枪声时，派两队和一排分别到北门、东门准备开城门相迎，见朱家宝已派重兵把守城门，而终止行动，以致起义军被分割为城内、城外，首尾不能相顾的被动局面。

43. 驻在城内关帝庙工程队的范传甲，被该队军官严密监视，无法接应。范传甲急中生智，在庙内放火，以便趁乱冲出去。可是放火多次，都被反动军官发觉而被扑灭，革命党人全被禁锢在关帝庙营房内，行动不得。

44. 在讲武堂内的革命党人张劲夫，听到城外枪声准备率众冲出接应攻城起义军，因武器弹药匮乏，又在反动军官严密监视之下而无法展开接应行动。这样岳王会原定在城外进攻、在城内开门响应的计划落空了。

45. 城外起义军战斗到午夜，熊成基率队到城西北角的四方城，这里城根积土很高，比较容易攀登。熊成基组织了敢死队轮番攻城，清军竭力抵抗。熊成基见多次强攻都不能成功，于是又两次令起义军假装巡防营和太湖警备队，试图混入城内，未果。

46. 由于城内革命党人接应失败，城外的起义军虽奋勇攻城，终因弹药不足而失利。停泊在安庆江面的"江贞""楚材"和"保民"3艘兵舰在朱家宝的威胁利诱下，背弃前约，掉转炮口，向起义军阵地猛轰。

47. 这时朱家宝从太湖调来的援军已逼近城郊,城内清军在协统余大鸿指挥下,与江中炮舰前后夹击起义军。起义军腹背受敌,熊成基只得指挥部队向集贤关撤退。经过计议,决定先取庐州为根据地,然后联络凤阳、颍州等地革命力量,进取中原。

48. 清廷急调安徽及邻近各省军队对起义军围追堵截。起义军过舒城后，分成三路，分别向庐州、寿州、六安州撤退。

49. 熊成基率领一队直驱庐州，但苦于沿途作战没有援助，快到庐州时只剩下300多人，不得已将余部解散，另外两路也被清军击散。震惊全国的安庆马炮营起义就这样失败了。清政府大开杀戒，学军两界革命党人范传甲，田激扬等300多人被杀，枭首悬于督练衙门。

50. 安庆起义失败后，熊成基在革命党人常恒芳的帮助下，躲避几天后，仍然念念不忘安庆，又乔装回到了起义的地方。熊成基得悉和他同时起义的战友们大都牺牲了，炮营队伍也解散了，他怀着惋惜而又沉痛的心情离开了安庆。

51. 后因风声很紧,姑母帮他化装成和尚,向北逃走,一路跋涉,从山东烟台渡海到大连,于1909年初到达日本东京中国同盟会所在地,化名龙潜,号望云,从此成为流亡的革命者。

52. 1909年春，熊成基接受黄兴指派回国。为了完成筹款和准备起义的任务，熊成基与同盟会会员孙元于9月间冒险再至东北三省。熊成基通过臧克明的关系，住进臧冠三家里。臧冠三是个好利之徒，他向吉林巡抚陈昭常告密，1910年1月熊成基在哈尔滨被捕。

53. 同盟会会员廖仲恺以及活动在东三省的其他同盟会会员如商震等人多方营救熊成基，均没有成功。熊成基在狱中痛斥清王朝的反动统治，在狱中他写下"供词"数千言，"以推翻政府改革政治为主要，不尽系满汉种族之见"。

54. 他认为革命必然要流血，警告清政府："尔等决不能诛尽我党，亦只有愈死愈多而已。"陈昭常叫他在自首书上画押，熊成基执笔最后写下"革命"二字。这是对敌人的抗议，也是对后人的嘱托！

55. 1910年2月27日,年仅23岁的革命志士熊成基被押到吉林城巴尔虎门外的刑场。临刑前,他傲然不屈,把刑场当讲台,再次高声指责清政府的腐败,呼唤人民团结起来革命,推翻清政府,创建自由、民主的共和国。说毕,慷慨就义。

56. 熊成基指挥的马炮营安庆新军起义是岳王会直接领导的，这是革命党第一次依靠新军发动的起义。这次起义，虽然失败了，但它是新军打响反清起义的第一枪，它在革命党人中产生了巨大的影响，也是安徽对辛亥革命一个最重要的历史贡献。

57. 1908年中国同盟会会员谭馥、葛谦、严国丰等在广州巡防营中建立保亚会组织。参加者多属新军中、下级官佐和士兵，共计500多人。同盟会以反清为号召，联络罗树沧、钱占荣等驻粤水师提督亲军营及附城各防营反正。准备发动起义。

58. 新军起义之际孙中山到达日本横滨,住在东京小石川区原町31番宫崎寅藏的家中。会见了赵声、蒋介石、谭人凤等人。蒋介石第一次见到孙中山,当即表示:"我绝不辜负先生对我的期勉!"当时,蒋介石在日本高田陆军第十三期野炮第九联队见习。

59. 同年12月7日，先锋卫队伙夫严国丰所持保亚票遗失一张，被报告提督李准。李准大惊，知道事关重大，抓捕严国丰，严刑拷打获知12月在广州起义的事。

60. 于是李准大事搜捕，在大同旅馆抓到了葛谦、曾传范等人。李准连夜刑讯，葛谦侃侃而谈："我乃留日学生，前岁听闻孙文、黄兴演说，参加同盟会立志恢复汉室，建立民国。我宗旨已明，就是反清复明！凡反清的汉人，皆我同志！近年因革命流血者不止一人，请速杀为愿！"

61. 葛谦年仅20岁,李准引诱他投诚:"你小小年纪就死,是为可惜!只要你幡然悔悟,老夫有好生之路,必赏你一条生路。"葛谦说:"世界上只知道有成功的华盛顿,而不知有失败的华盛顿。我立志革命,便抱有必死之决心,愿快死为乐。我一人去死,留同志做大事业。欧美各国大革命,没有不流血可以成功的。"

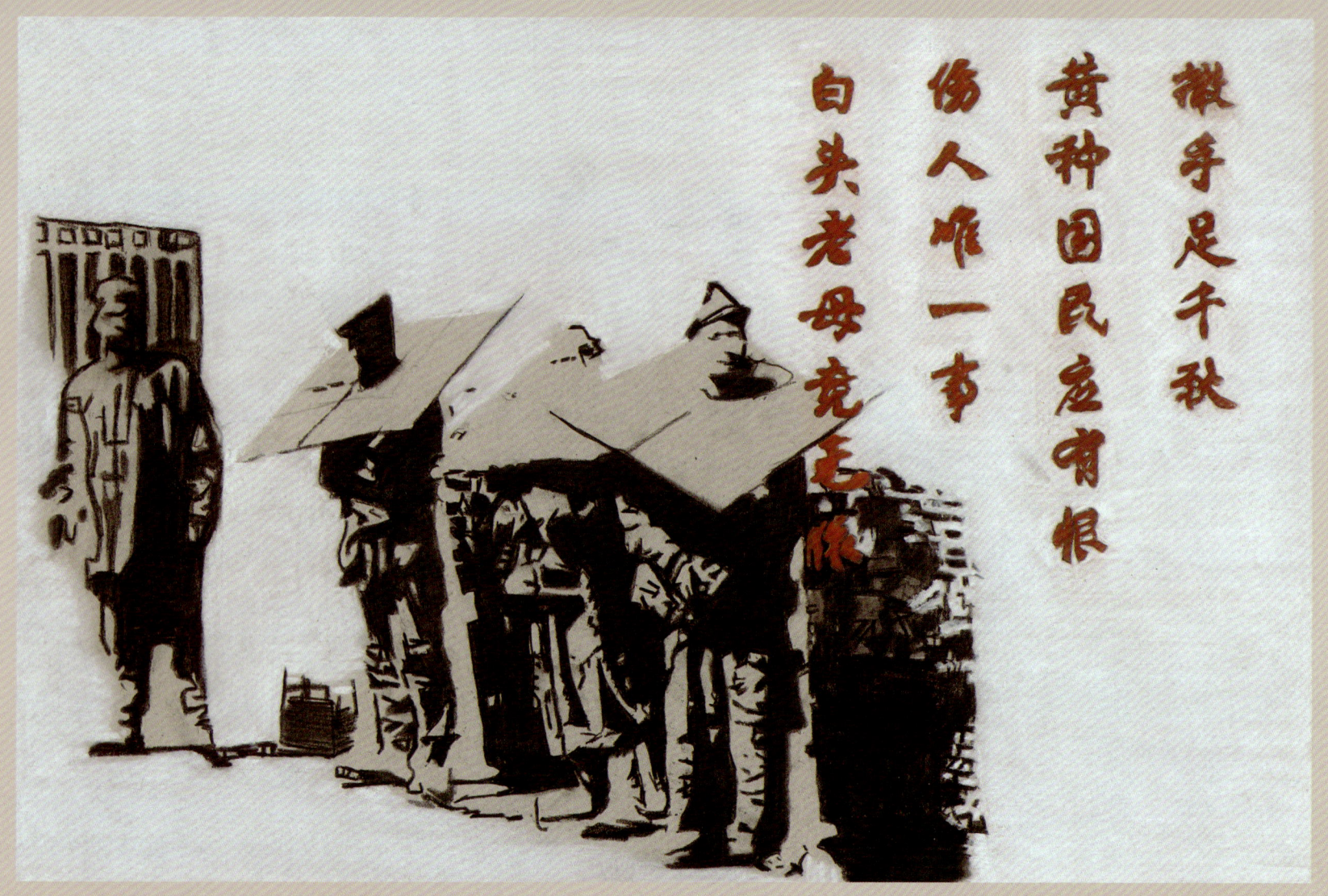

62. "保亚票"被严究株连上千余人。李准将葛谦等五人绑缚赴市曹斩首于珠江天字码头。临刑众人毫无惧色。罗树沧写一联贴于身上:"授首足千秋,黄种国民应有恨;伤心惟一事,白头老母竟无依。"

63. "保亚票"举事失败,革命党人没有消沉。1910年,正月初三,广州新军组织了起义,领导人有倪映典、赵声、朱执信、方楚乔等人。

64. 革命党人倪映典调广州担任骑兵管带，兼任运动新军的总主任。熊成基与倪映典为同学，交情极深。倪映典在在新兵中散发《革命先锋》《立宪问题》等小册子，宣传效果极佳。

65. 胡汉民在黄冈起义失败后，也由日本到了香港成立了香港同盟会南方支部。与姚雨平、张禄村等做广州新军的工作，由暗转明，分头工作，成效很大。

66. 清军中士兵经常集会，胡汉民专门演讲岳飞、韩世忠的抗金故事，也讲清兵入关时的"嘉定三屠""扬州十日"的暴行。当时有不少"讲古仔"，演讲深受士兵喜爱，演讲时军人激动得掌声雷动，感动得流泪。

67. 这时的陆军速成学校第一、第二班和虎门讲武学堂毕业者中,大多已成为新军的头目。思想进步的官兵很多,布满了革命的种子。新军训练有素,军械精良,革命党人起义的信心非常强烈。1909年12月,黄兴、谭人凤等人到达香港,与孙武、胡汉民、冯自由见面,讨论广州新军起事。

68. 倪映典主持新军运动，在广州城内天庆里设立了起义的机关。报告孙中山说新军大部分人倾向于革命。孙中山立刻派黄兴等赶到广州来。孙中山从美国汇来8000元，还不敷使用。革命党人卖掉香港文咸街的同源商店捐出2万元。胡汉民得到款项后筹办军械。

69. 孙中山哥哥孙眉等连夜赶制旗帜，李海云筹备枪械，徐宗汉，陈淑子运送子弹。起义人员集中到了广州租屋里隐蔽。不料，发生了一件意料之外的事。二标三营革命吴英元的六个士兵，因印名片的小事，在城隍庙书店先与店主口角，后来发展到与巡警斗殴，众人互打，六人集体被抓。

70. 三标管带戴庆有见士兵被抓,立刻哗变。带几百个军人到警察局要求放人。数百人一起攻入警察局。这是在大年初一的事。很多新军士兵认为马上就要起义了,骄气十足,没有克制。在警察局里杀伤巡警多人。

71. 倪映典连夜赶到香港向黄兴汇报,黄兴愤慨:"真是小不忍要乱大谋!"觉得已经形势急迫,等不到起义元宵节的时间,只有提前到初六。黄兴亲自到广州,带领新军巡防营举事。待起义后出兵湖南、江西。由赵声留守广州,胡汉民管理财政。

72. 清军协统刘雨沛获得了军警闹事消息,就下令限制新军外出,不再放假,所有假日改为在军营中开运动会。三营带头不服,几百人出营,带了枪械去攻打刘雨沛,把标统刘雨沛的脑袋打破。士兵激变,又破坏了黄兴制订的起义步骤。

73. 匆促兵变,张协统带人驾马车逃出了广州。全标震动,士兵纷纷冲向各个军械库找武器,城门已关。黄士龙带几十新军在东门与旗兵遭遇,开枪对射。李准带2000多清军自大东门赶来弹压。两广总督袁树勋带兵登守城楼,令虎门提督秦炳直接率部到广州增援。

74. 倪映典身穿蓝袍，手提两支手枪，冲在军队前面。士兵全军欢呼，高举青天白日旗，到牛王庙与李景濂部激战。

75. 李准、吴宗禹部分占了四个山头,以步兵部队遮在前头,后面藏着炮队。新军被重炮炮击牺牲一百多人,失落一千多支枪,17匹战马。激战一个多小时,新军弹药奇缺,以下攻上,地形不利,不得不退却,四散逃逸。

76. 一发炮弹击中倪映典头部，倪映典中弹落马，被童常标擒到吴宗禹面前。童常标是倪映典的同乡，平日常相见。此时却成仇敌。倪映典重伤被捕后，还是大骂不止。吴宗禹上前一刀将倪砍死。

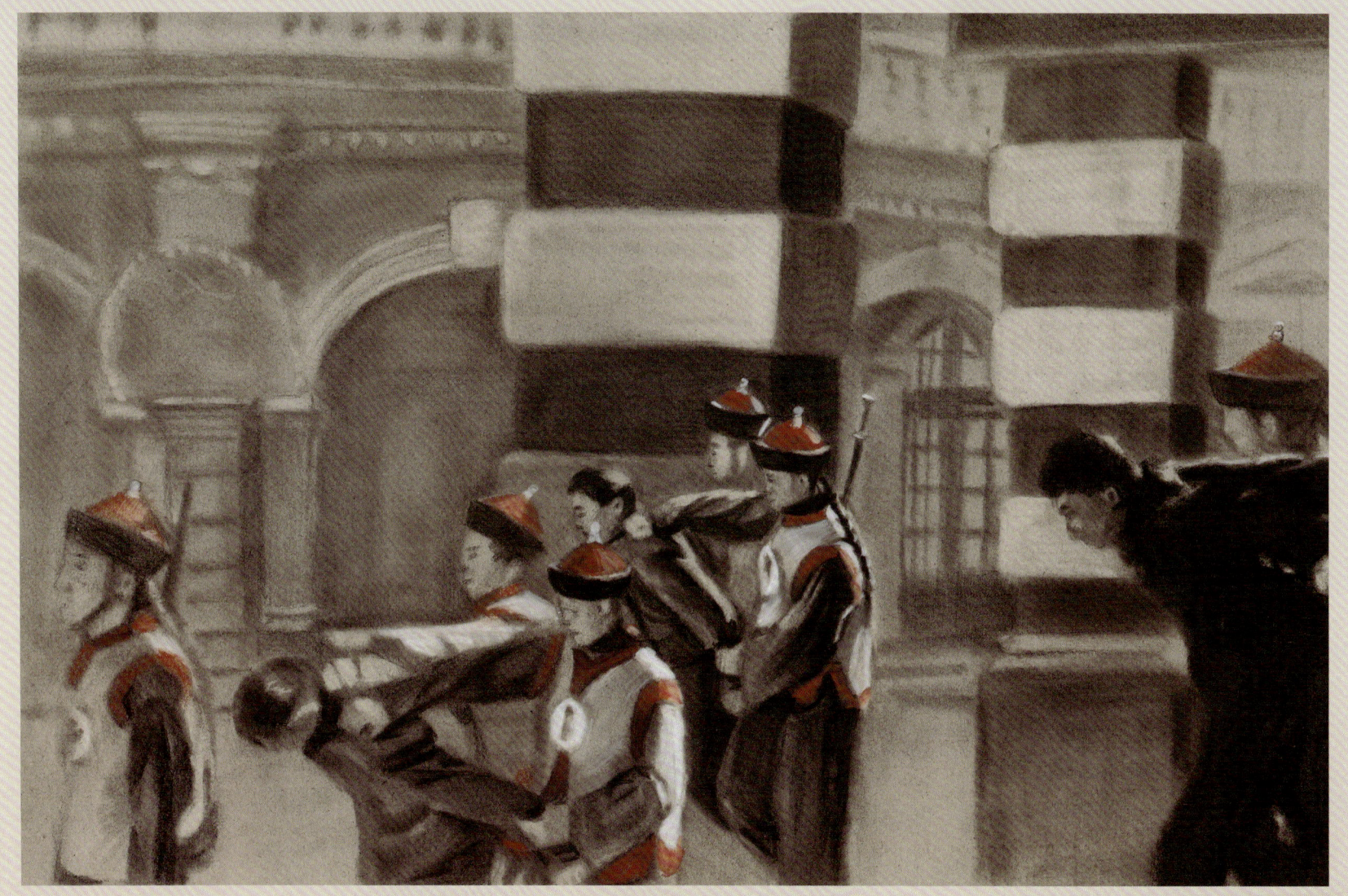
77.清军继续大肆搜捕广州起义的残部。被捕达数百人,其中有革命党人王占魁、黄洪昆等骨干七人,均被杀害。

78. 此次中国同盟会员倪映典率广州新军起义又遭失败。孙中山等革命党人在失败面前不气馁，对革命成功充满信心。他们决心在广州发动一次更大的起义，以此推动全国革命形势的发展。

79. 1910年11月，孙中山、黄兴、赵声等革命党人在马来半岛的槟榔屿召开庇能会议，决定再次在广州发动武装起义，黄兴担任总指挥，在越华路小东营五号设立起义总指挥部。中国同盟会吸取历次起义失败的教训，在起义发动前进行了认真细致的准备，筹款购械、组织联络都有专人负责。

80. 1911年1月，中国同盟会在香港成立统筹部，以黄兴、赵声为正副部长，下设调度处、储备课、交通课、秘书课、编辑课、出纳课、总务课、调查课，具体领导这次起义，并陆续在广州设立秘密据点，作为办事和储藏军械的地点。革命党决心把这次起义组织好。

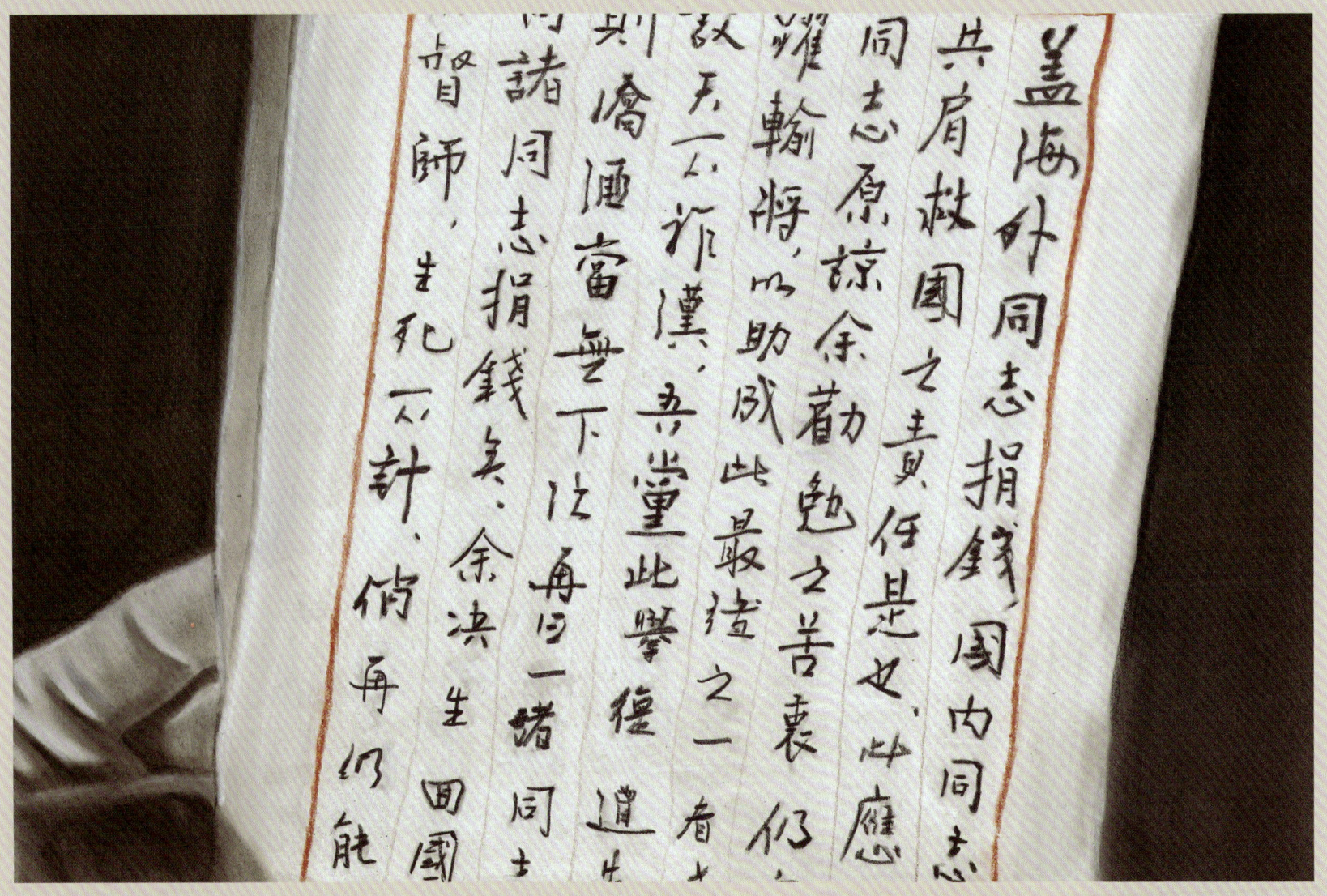

81. 孙中山定下向各地筹款的总数目：拟再筹款十万元。当场获得八千元，孙中山决定亲自远去欧洲，向华侨筹款。庇能会议后，革命党人在南洋、西贡、檀香山、纽约、旧金山等地总计筹到15.9万元。决定建立一支八百人骨干的军事队伍，分十路向清政府进军。

82. 4月23日,黄兴由香港潜入广州,在两广总督衙门附近的小东营五号设立起义指挥部。当时,广州革命党人已决定于26日(三月二十八日)举义。

83. 黄兴派喻培伦、熊克武先到广州建立机关，制造炸弹，半个月就造出了300多个炸弹。革命党人分设新军中建立五个机关，在民军、番军、警察、海军旗界中也做了大量策反工作。

84. 革命党人从日本、西贡、中国香港购买枪支近2000支,由吴玉章押送。用花轿、行李、礼品、送菜等方法做掩护,秘密运到了广州。

85. 黄兴到广州部署前给孙中山写了绝笔书，表达自己抱有必死的决心。由于原来预定安南的枪支弹药还没有运到，起义又进入了进退维谷的阶段，日本、安南方面的枪械稍迟方能运到，而准备响应起义的新军第二标又有5月3日即将退伍的消息，这就使起义陷于既不能速发，又不能拖延的困难境地。

86. 粤督张鸣岐加强了戒备,李准调巡防两个营入城,加一个营到观音山。打乱了黄兴的步骤,他考虑再次延期。

87. 喻培伦和林时爽，赶来见黄兴，建议绝不要延期。黄兴等人临时决定起义延缓一日，定在4月27日，将原定十路进军计划改为四路：黄兴率一路攻总督衙门；姚雨平率军攻小北门，占飞来庙，迎接新军和防营入城；陈炯明带队攻巡警教练所；胡毅生带队守南大门。

88. 当晚黄兴就密电胡汉民马上起义。当时已经有300多人回到了香港，香港的300支枪还没有运来。胡汉民要黄兴暂缓起义一日。黄兴决心不变，29日下午五点发动起义。

89. 上午，黄兴在住所小东营5号前张灯结彩，义军战士陆续到此集合。每位起义战士缠臂白毛巾。黄兴做战前动员："如果不将这个腐败的政府推翻，亡国之祸在前。革命一定成功！民国建立，平均地权，人人有地种。一个自由的、民主的、平等的中国，将在世界东方站立！"

90. 1911年4月27日下午5时30分，黄兴带领"先锋"120余人，臂缠白巾，手执枪械炸弹，吹响海螺，直扑督署。黄兴持双枪带头冲进都督府，革命军枪弹齐发，击毙卫队管带，冲入督署。领队的130名先锋敢死队，一拥而入冲进二门。

91.清军卫队顽强回击。第一批枪弹,打死了南洋机工二人,朱执信勇敢地割掉长衫,战斗中受到重伤。

92. 喻培伦背负炸弹的箩筐，与林文冲锋在最前头。而陈炯明，胡毅生临阵脱逃，不知去向。实际参战的一共一百多人。两广总督张鸣岐逃往水师提督衙门。黄兴等找不到张鸣岐，革命军放火烧衙门，然后冲杀出来，正碰上水师提督李准的亲兵大队。

93. 林文听说李准部内有同志，便上前高呼："我等皆汉人，当同心戮力，共除异族，恢复汉疆，不用打！不用打！"话未讲完，被敌人一枪击中，当场牺牲。刘元栋、林尹发等5人也相继中弹。

94.敌人居高临下,火力强大,林文被流弹击中头部,当场气绝。黄兴被打断右手中食二指第一节,便以断指继续射击。

95.随后,黄兴将所部分为三路:川、闽及南洋党人往攻督练公所;徐维扬率花县党人40人攻小北门;黄兴自率方声洞、朱执信等出南大门,接应防营。

96. 攻督练公所的一路途遇防勇，绕路攻龙王庙。喻培伦胸前挂着满满一筐炸弹，左手执号筒，右手拿手枪，奋勇当先，投掷炸弹。战至半夜，终因众寡不敌，全身多处受伤，率众退至高阳里盟源米店，以米袋作垒，向敌射击。后因敌放火，他们才被迫突围，喻培伦被俘。

97. 徐维扬率队突围,想袭击飞来庙,抢夺那里的弹药库。清军守兵极多,无法攻上。起义军在弹尽后,大都被清军逮捕。往小北门的一路起义军也很快遭遇清军。经过一夜作战,打死打伤敌人多名。最后,张鸣岐放火烧街,徐维扬率部突围,被敌逮捕。

98. 黄兴所率一部行至双门底后，与温带雄所率计划进攻水师行合的巡防营相遇。不幸的是，温部为入城方便，没有缠带白巾，方声洞见无记号，便开枪射击，温带雄应声倒下。对方立即发枪还击，方声洞牺牲。双方误伤好多人，削弱了进攻力量。

99. 大队清兵迎面来激战，革命军人不支，退入米店，子弹很快打光了。退守四散。陈炯明的大南门也落入清军之手。姚雨平运来弹药也没处可送了。部队被打散，指挥系统没法决策。战斗急转失败。

100. 黄兴孤身一个人化装逃到香港，与胡汉民等见面后，两人相对无语，泪如雨下。胡汉民当时29岁，在黄冈、越南镇南关组织过两次起义，都失败了。

101. 广州黄花岗起义失败。清军大肆搜捕，抓到了30多人。见无辫子、穿洋装的人，都认作革命党。

102. 起义失败后,广州城内的大街小巷留下同志们的遗体。广州清吏对革命党恨之入骨,有意"示众",把杀害了的烈士头颅挂在城门上。直到第五天,督署在市民的要求下,发函请善堂收拾遗骸。

103. 南海、番禺两知县准备将烈士葬在东门外埋犯人的臭岗。没有暴露身份的党人潘达微知道这个消息后，以《平民报》记者的身份找到善堂董事说："义士为国捐躯，葬于臭岗，心何能安？"

104. 为了为烈士选择墓地,潘达微四处奔波、四处求助,善堂被他的义举所感动,愿把青草白地的红花岗献出作为烈士墓地。

105. 1911年5月2日潘达微率领义工为烈士打开镣铐，身首异处的整合复原，用较好的棺木殓葬七十二具遗骸。他喜爱菊花，非常喜欢"菊残犹有傲霜枝"诗句，于是把红花岗改为黄花岗。黄花岗烈士成为广州起义烈士的代名词，黄花岗起义也成为广州起义的代名词。

106. 烈士之中有满腔热血的留学青年，有愿为革命献出一切的爱国华侨，有多次参加起义的新军军人，还有从事革命宣传工作的记者等，一经同盟会的召集，毅然参加起义，百折不挠，视死如归。为挽救祖国的危亡和消除民族的灾难，他们愿做无名英雄。

107. 黄兴悲痛写挽联:"七十二健儿酣战春云湛碧血,四百兆国子愁看秋雨湿黄花。" 孙中山闻知黄花岗烈士英勇事迹后,深沉地指出:"碧血横飞,浩气四塞……惊天地,泣鬼神!"

108. 烈士喻培伦，留学日本，入大阪化学研究所，专攻化学。他"深念非科学不能救国"，起早贪黑、刻苦学习。他制造出一种安全无毒火柴，为以后研制新型炸药和炸弹积累了经验。被俘后从容就义，时年25岁。

109. 烈士林文,出生书香门第。素有大志,为人豪迈任侠。1905年,留学日本,始入成城学校,学习军事,继改入日本大学法科。1905年8月参加中国同盟会,任福建分会会长,孙中山先生深器重之。24岁英勇就义。

110. 烈士宋玉琳，民主革命团体岳王会安庆分会负责人。刑讯时，陈述了黄兴攻战之主张，言词慷慨激昂："安庆之役，吾应死而不死，将有以报吾死友，今日者可以死矣。"声色凛然不可犯，问官及观审者无不动容。英勇就义时，年仅31岁。

111. 烈士方声洞，1886年5月生于富商家庭。1906年，东渡日本考入千叶医学校。志在研究化学，制造炸弹。1911年3月中旬，从日本密运军火入广州后，参加广州起义。转战途中，方声洞见相逢的巡防营无臂号，即举枪相向，首发击毙其党人哨官温带雄。激战中，方声洞亦中弹血流遍体，弹尽力竭而死，时年25岁。

112. 烈士饶国梁,1888年出生于重庆市大足区。四川陆军速成学校毕业,任新军第六十五标见习官。起义中选拔骨干组成"先锋"。负伤被捕。在法堂上怒斥:"吾辈不死,国民不生,牛马奴隶,生何荣焉。求仁得仁,死何憾焉。"索取纸笔书写《绝笔书》,备述革命始末。4月30日英勇就义,时年23岁。

113. 烈士林觉民，汉族，福建闽县人。留学日本期间，加入中国同盟会。1911年春回国。1911年4月24日夜，林觉民临行前回家探望了父母和妻子陈意映，跟家人说学校正在放樱花假。当时陈意映已经怀孕。在香港，林觉民深夜里在手帕上写下了给父亲的《禀父书》及给妻子的《与妻书》。

114. 广州起义时林觉民随黄兴勇猛地攻入总督衙门,纵火焚烧督署。冲出督署后,转攻督练所,途中与清巡防营大队人马相遇,展开激烈巷战,受伤力尽被俘。

115.面对清廷广州将军张鸣岐与水师提督李准会审,林觉民侃侃而谈,畅论世界大势,以笔立言,立尽两纸,书至激烈处,解衣磅礴,以手捶胸。他告诉两人,"只要革除暴政,建立共和,能使国家安强,则死也瞑目"。

116. 李准甚至动了恻隐之心,觉得可以留下林觉民为清廷所用。张鸣歧则认为,这个"面貌如玉、心肠如铁、心地光明如雪,称得上奇男子"的林觉民,如果留给了革命党,实为后患。1911年5月3日,林觉民在广州天字码头被枪杀,年仅24岁。

117. 烈士林尹民与林文、林觉民（三人同年生、同年为创建民国而捐躯）并称黄花岗"三林"。尝太息曰："大丈夫生此世，当以铁骑五千，横行天下，驱逐胡虏，收复河山。"

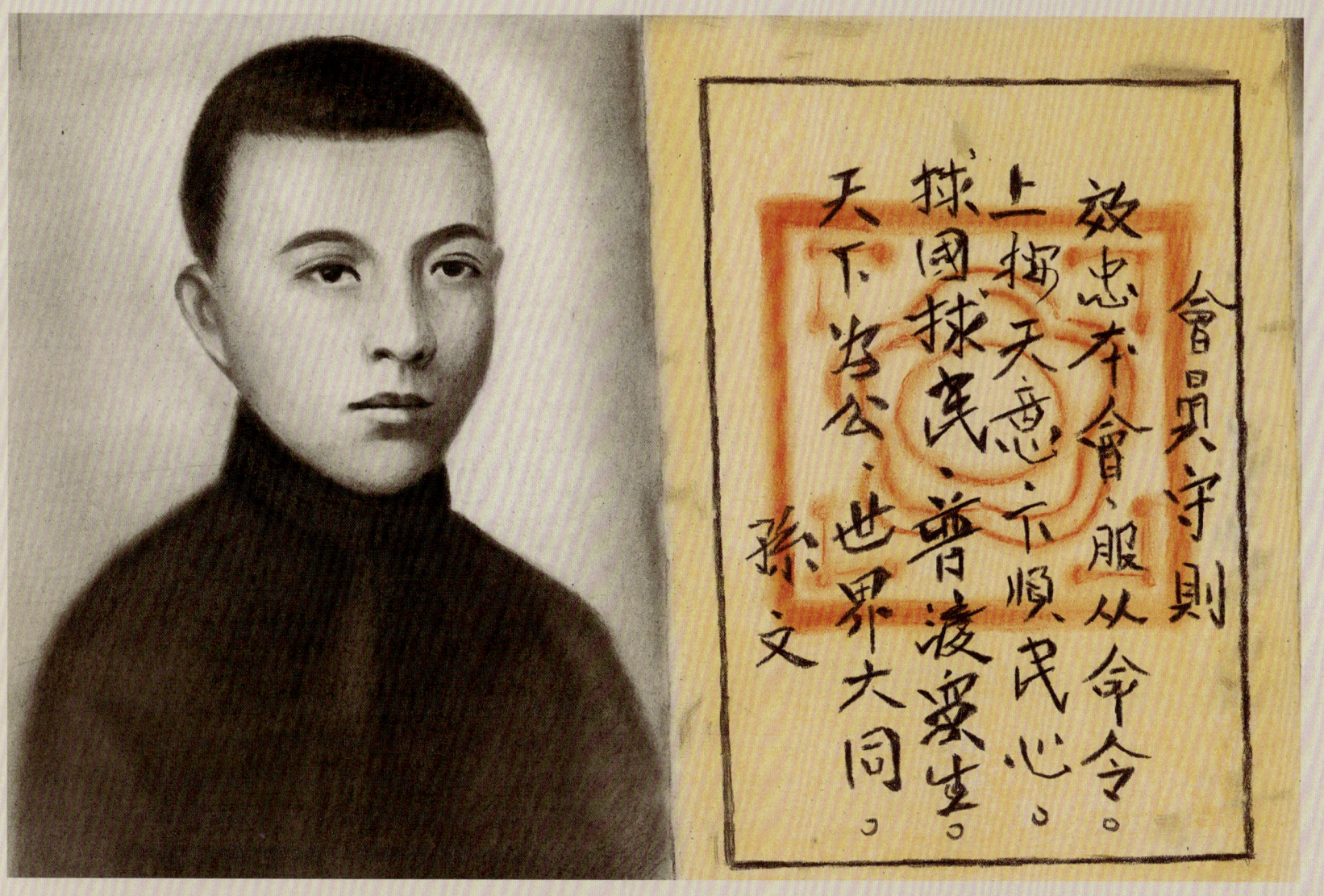

118. 林尹民年少时素有大志。曾东渡日本留学，入读成城学校。庚戌夏间，由林文介绍入同盟会。早存许国之志，婉却娶妇之命。1911年4月，随黄兴、林文、方声洞等革命党人参加攻打广东督署，英勇战死，时年24岁。

119. 烈士李文甫,广东东莞人。李文甫率敢死队随黄兴攻打广州总督衙门,转战至飞来庙、北较场等地,在与清兵激战中不幸负伤被俘。面对严刑拷打,李文甫坚贞不屈。翌日,被押赴刑场行刑。在敌人屠刀下,高呼:"大丈夫能为推翻鞑虏而死,死而无憾!"说完高唱《满江红》,慷慨就义,年仅20岁。

120. 烈士陈文褒,他担负城外进攻的任务。适遇用竹筐送子弹的人受阻于门卫,正不知将子弹投送何处。他即扛起竹筐跑到靖海门外某富人家中,急嘱富人:"赶快去催促我的同志持枪到这里取子弹,别误事。"自己装足了子弹后,随即进城参加攻打总督府的战斗,不幸壮烈牺牲。时年31岁。

121. 烈士李德山，广西罗城人，4月27日黄花岗起义爆发，李德山参加攻打两广督署，奋勇当先，打死卫队指挥官全振帮管带，攻占总督署衙门。继而转战至高阳里米店，积米为垒拒敌，次日力竭被捕遇害。

122. 烈士陈与燊,福建闽县人。21岁东渡日本,入早稻田大学攻读法律。因其文弱,众劝勿参加起事。陈与燊道:"事苟不成,诸君尽死,我义难独生。"随敢死队进攻督署,奋不顾身,所向披靡。转攻督练公所,遇敌援兵,左眼中弹血流如注,忍痛竭力死战,被擒临刑不屈,容色怡然。时年23岁。

123. 72烈士中广东40人、福建20人、广西6人、安徽3人、四川3人。他们把祖国的富强，人民的幸福放置在个人的家庭幸福之上。表现出大无畏的英雄气概和崇高的自我牺牲精神，谱写出一曲悲壮的史诗。

124.自1896年以来,民间自筹资金修建了粤汉和川汉两条铁路。湖南全境有900多公里,粤汉铁路有200多公里是自筹自建的。川汉铁路筹集的1600万资金,被层层贪污挪用,造成了长期亏空。

125. 1903年来，广东、四川、湖南、湖北四省人民，采用征集"民股"的办法，由地方政府在税收项下附加租股、米捐股、盐捐股、房捐股等，来筹集筑路的资金。经过几年的筹集，不仅四省的绅商、地主成了股东，连一些农民也握有股票。

126. 1910年，英法德美四国银行团逼清政府订立借款修路合同。1911年5月9日，清政府为了向四国银行团借款用来镇压革命，在邮传大臣盛宣怀的策动下，宣布"铁路国有"政策，将已归商办的川汉、粤汉铁路收归国有。

127. 四川修筑铁路的股东，不仅来自绅士、商人、地主，还有农民，而且农民购买的股份占很大比例。清政府颁布"铁路国有"政策以后，收回了路权，但没有退还补偿先前民间资本的投入，因此招致了四川各阶层，尤其是广大城乡劳动人民的反对，从而掀起了轰轰烈烈的"保路运动"。

128. 1911年6月1日,为了偿还在上海橡胶股票风暴中向列强的借款,邮传部尚书盛宣怀和督办大臣端方联名向川督王人文发出"歌电",此电明示,不许川省股东保本退款,而只允换发铁路股票,即政府不但收路,而且夺款。电文公开,全省舆论大哗。

129. 盛宣怀是中国洋务运动的代表人物,积极跟从李鸿章办洋务。办过矿山,金融,交通,是与胡雪岩齐名的"红顶商人"。但是他反对激烈的革命,支持维新改革。

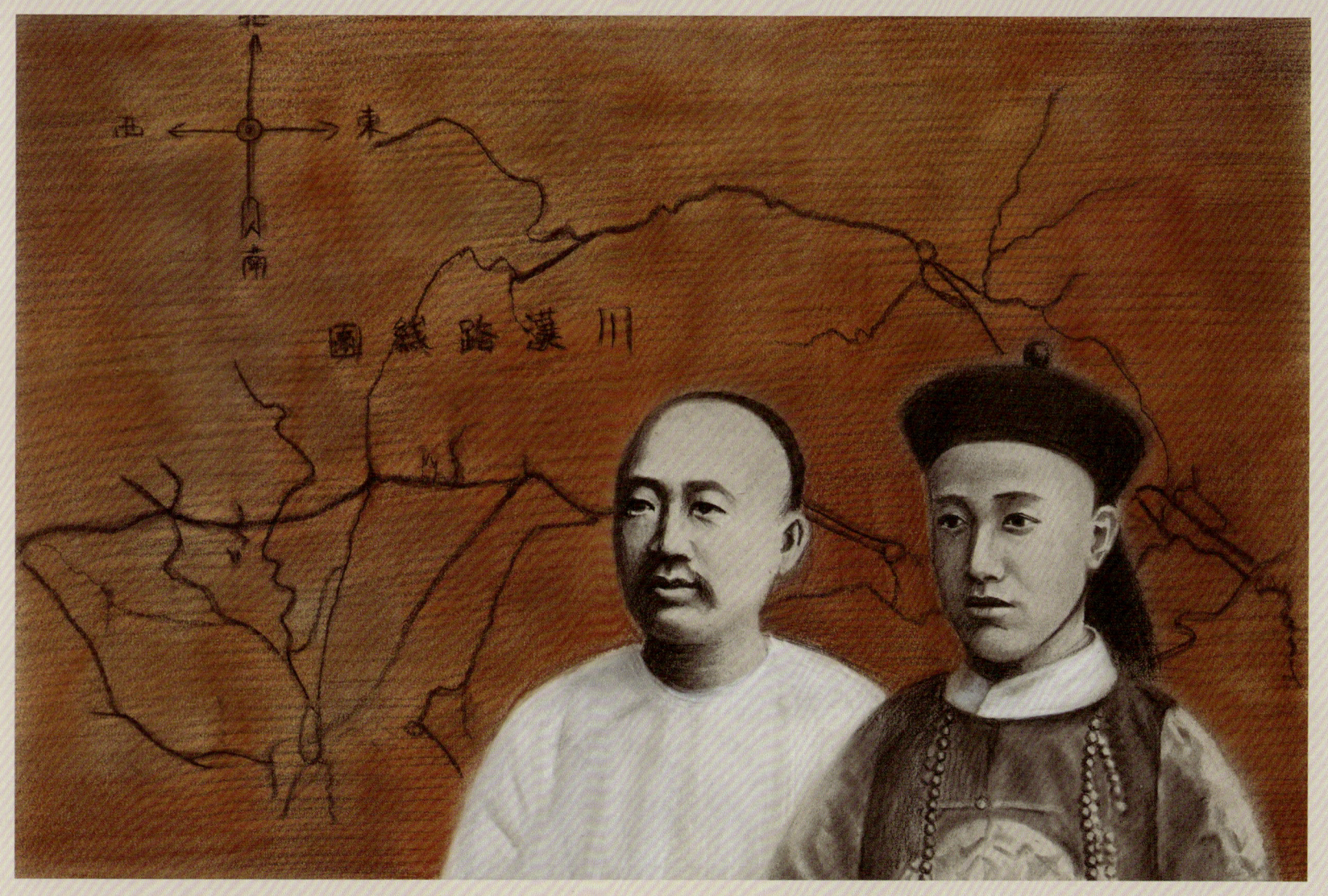

130. 盛宣怀长期游走于官和商之间。受到载沣的赏识，担任了邮传大臣的职位。他认为国有经济比私有经济有发展，更重视"权力经济"。上任后，盛宣怀一直推动邮政和交通国有化。第一个目标是把"铁路国有"。

131. 因为有了国际银团的支持清政府突然上谕宣布"铁路国有"的政策，这项"与民争利"的政策，遭到很大的民间抵触。1911年5月13日，湖南绅、商、学界各团体发出传单，抨击清政府的卖国行径。14日，长沙举行了各阶层人士参加的万人大会，决议拒外债、保路权。

132. 1911年5月18日,清政府任命满族贵族端方为"督办粤汉、川汉铁路大臣",要他去强行接收湖南、湖北、广东、四川4省的商办铁路公司。

133. 5月20日，邮传部大臣盛宣怀同英、美、德、法四国银行团签订600万英镑的《湖北湖南两省境内粤汉铁路、湖北境内川汉铁路借款合同》，把湖北、湖南、广东3省人民在1905年收回路权运动中从美国侵略者手中赎回的粤汉铁路和川汉铁路的修筑权，又重新出卖给帝国主义。

134. 四川总督王人文向盛宣怀转达了人民的要求，却被盛宣怀和端方发电申饬，还宣布把原来的铁路股票和现款，改成国家的一种股票。王人文知道这一下会激起民变，再三请求，端方不予理睬。

135.在湖北,清政府宣布"铁路国有"政策后,各界人士奋起争路。宜昌到万县的铁路本已动工修筑,清政府迫令停工,筑路工人和商人立即聚集起来与之抗争。清政府调兵前来镇压,数千筑路工人抡起铁锤,挥动棍棒,同前来镇压的清军展开激烈搏斗,当场打死清军20多人。

136. 保路同志会三日后在川成立，有64个分会，两天内入会达两万人。蒲殿俊和罗纶人任正副会长。成都岳府街上人山人海，激愤人士一个个上台发表演说。罗纶挥拳喊道："我们要誓死反对！工人罢工！学生罢课！农民抗税！"

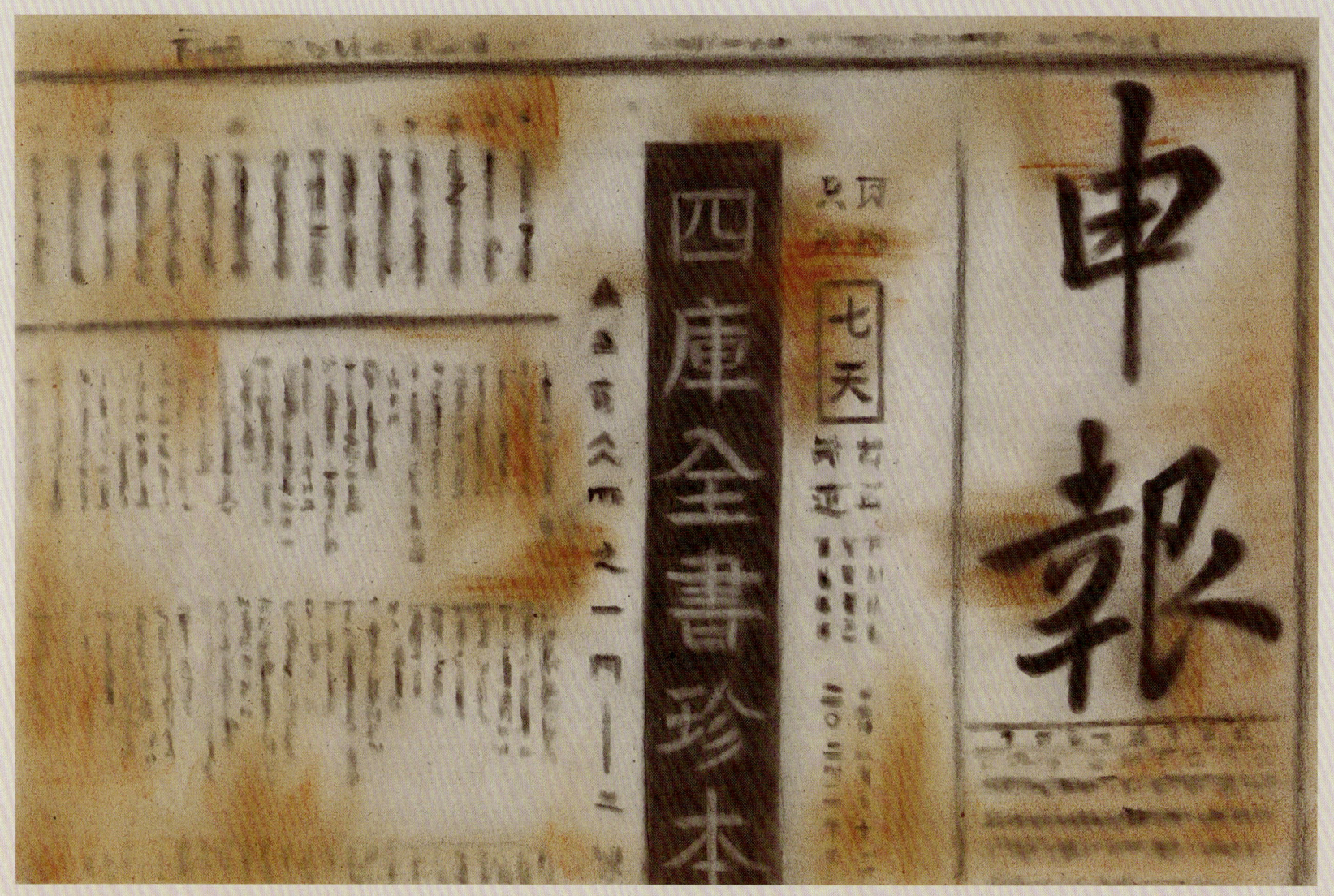

137. 1911年7月17日,《申报》发表题为"四川人之争路热"的文章:四川保路同志会于成都铁路董事局开会,到者二千余人,首由咨议局程伯君演说,因借债而路亡,因路亡而国亡……演说力驳路归国有与借款合同之损失。

138. 17日，王人文致电内阁："本日未前，各团体集公司开会，到者约二千余人，演说合同与国家存亡之关系，哭声动地，有伏案私泣。"19日，王人文再奏说："成都各团体集铁路公司大会，到者一千余人，讨论合同及于国家铁路存亡之关系，臣饬巡警道派兵弹压，巡兵听者亦相顾挥泪。"

139. 王人文同时上疏严参盛宣怀丧路权、国权，要求治以欺君误国之罪，并请将自己治以"同等之罪"，"以谢盛宣怀"。27日，他又把罗纶等2400余人签注批驳川汉、粤汉铁路借款合同的原件及公呈人全体姓名上奏，并附片自请处分。清廷申谕严饬，并将王人文革职。

140. 清廷派新任总督赵尔丰来弹压四川的保路运动。四川省人民对"铁路国有"的卖路卖国的实质是很清楚而深恶痛绝的。所以,当时全川142个州县的工人、农民、学生和市民纷纷投身于保路运动之中,保路同志会的会员不到10天就发展到10万人。

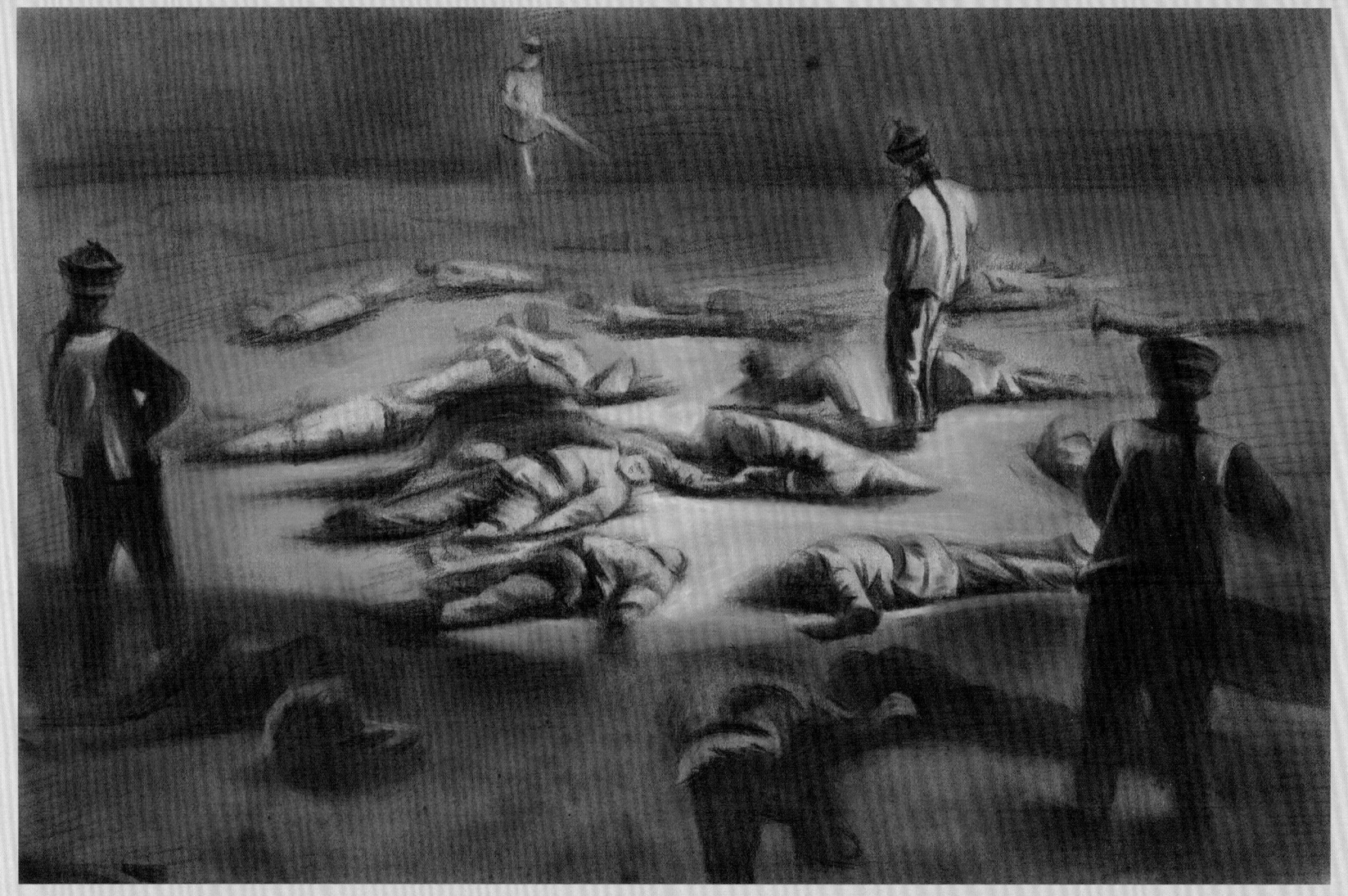

141. 新任四川总督赵尔丰利用开会诱捕咨议局正、副议长蒲殿俊、罗纶以及保路同志会和川路股东会的负责人。消息传开，数万群众前来请愿，要求放人。赵尔丰竟下令军警向手无寸铁的群众开枪，当场打死手无寸铁民众32人，造成骇人听闻的"成都血案"。

142.巡防营骑马驱赶民众。赵尔丰还下令不准收尸,正好下了大雨,尸体被大雨冲刷得腹胀如鼓,十分凄惨!数万百姓还在大雨中跪在都督府外,手捧光绪皇帝的牌位,密密麻麻地跪了一大片。赵尔丰叫营务处把大炮拉了出来,要炮轰这几万无辜老百姓。

143. 成都知府于宗潼见状大哭，用自己的身体挡住炮口，坚决不让炮队开火，才没有造成更大的伤亡。马队在人群中到处践踏，妇孺死伤很多，惨不忍睹。这就是著名的"成都惨案"！

144. 街上的尸体已经发臭,雨中血流成河。老百姓忍无可忍,很多人头裹白布,冒雨前往收尸,却遭遇士兵们的再次毒杀,被打死几十人。"成都血案"轰动了全国!

145. 赵尔丰一面要求清政府加兵来镇压，一面压迫百姓开市经商。遭到老百姓的拒绝。赵尔丰还宣布保路同志会骨干的罪状，要加害他们。军警们戒严，杀气腾腾。

146. 邮政电报被封锁，四川的百姓写了无数的木牌，上面书写赵尔丰的血腥屠杀和保路的经过："赵尔丰先捕蒲罗，后剿四川，各地同志速起自保。"把涂了桐油的木牌顺流放下，流经川鄂湘各地，成都流血事件，很快传遍全国。被称为"水电报"。

147. 革命党人听到赵尔丰屠杀民众，纷纷起义。秦载赓率领1000余人，在七月六日赶到成都东门外，与清军激烈枪战。侯宝斋也带部下前来支持。

148. 第二天，四面赶来的革命军人达到了上万人，在东山庙一带和赵尔丰的军队大战。数天后，人马达到了20多万，统称"保路同志军"，围攻成都两周，一直没有把成都攻下来。起义军截断了交通要道，抢守据点，杀得赵尔丰狼狈不堪。

149. 端方带湖北31、32两标人马来平乱，端方不愿意看到过多的流血，按兵不动，把消息上报到了朝廷。廷议结果，派出滇、鄂、粤、黔、陕的五省军队，前去成都支援。启用已经开缺的岑春煊到四川办理剿抚事宜。因为湖北新军被调入川，却造成了武昌空虚，给武昌革命党人发动起义提供了一个绝好的机会。

150. 保路同志军与清军苦战了半个月，战斗非常艰苦。八月十四日成立了"东路军总部"，公推秦载赓、王天杰为正副统领。南路的民军统领侯宝贵被部下杨虎臣杀死，周鸿勋战死，战斗一时没有进展。

151. 在重庆方向，同盟会战斗胜利，川东吴玉章的荣县独立了，成了各路义军的根据地。起义军在失利情况下，都到了那里集中，获得了粮饷的支援。

152. 吴玉章9月25日宣布荣县独立,脱离了清朝统治,成立了自己的政府,具有极其巨大的指标意义!自从盘古开天地,还没有一个地方的州县,与中央朝廷脱离关系!四川的仁寿、井研、威远相继独立,成立了民主政府。革命形势一片大好!

153. 张达山的西路军,在崇宁天枢桥一带,与清军展开了一场大战,战况异常激烈。温江的民军吴庆熙与崇民的孙泽沛军队赶来支援,才与南路军一道挽回战况。

154. 四川雅安罗子丹，集合了100多人揭竿而起，会同县民攻打雅安城。哥老会胡谭拉起一支队伍在嘉定地区战斗。

155. 清朝廷为扑灭四川的人民起义,派出大臣端方率领部分湖北新军入川镇压,致使清军在湖北防御力量减弱,革命党人决定在武昌发动起义。

156.声势浩大、规模壮阔的保路运动,沉重地打击了清王朝及帝国主义在中国的统治,极大地鼓舞了资产阶级革命党人的斗志,直接导致了辛亥革命的总爆发,为中国资产阶级民主革命立下了不朽的功绩。

157. 1911年9月14日，文学社和共进会在同盟会的推动下，建立了统一的起义领导机关，联合反清。并决定请黄兴、宋教仁和谭人凤来鄂做起义指挥，主持大计。在武昌起义前夕，革命党人在湖北的"共进会"起到了很关键的作用。

158. 孙武、焦达峰、彭汉遗等人在新军中做了大量工作，孙武的工作能力非常强，使革命党人受到极大鼓舞。许多人都以为孙武是孙中山的弟弟，孙武也是笑笑回答："革命党同志都是兄弟。" 孙武在黄申芗等人中建立了威信，并忠实执行孙中山的革命计划。

159. 刘公身体不好，提出要去北京。家中给他5000银圆，他全部给了革命的"郎中"，使得起义有了新的资金。1911年1月30日，振武学社借春节团拜名义，邀集各标、营革命士兵代表在武昌黄鹤楼开会，议决将振武学社改组为文学社。选举蒋翊武为社长，詹大悲为文书部长，刘尧澂（即刘复基）为评议部长。

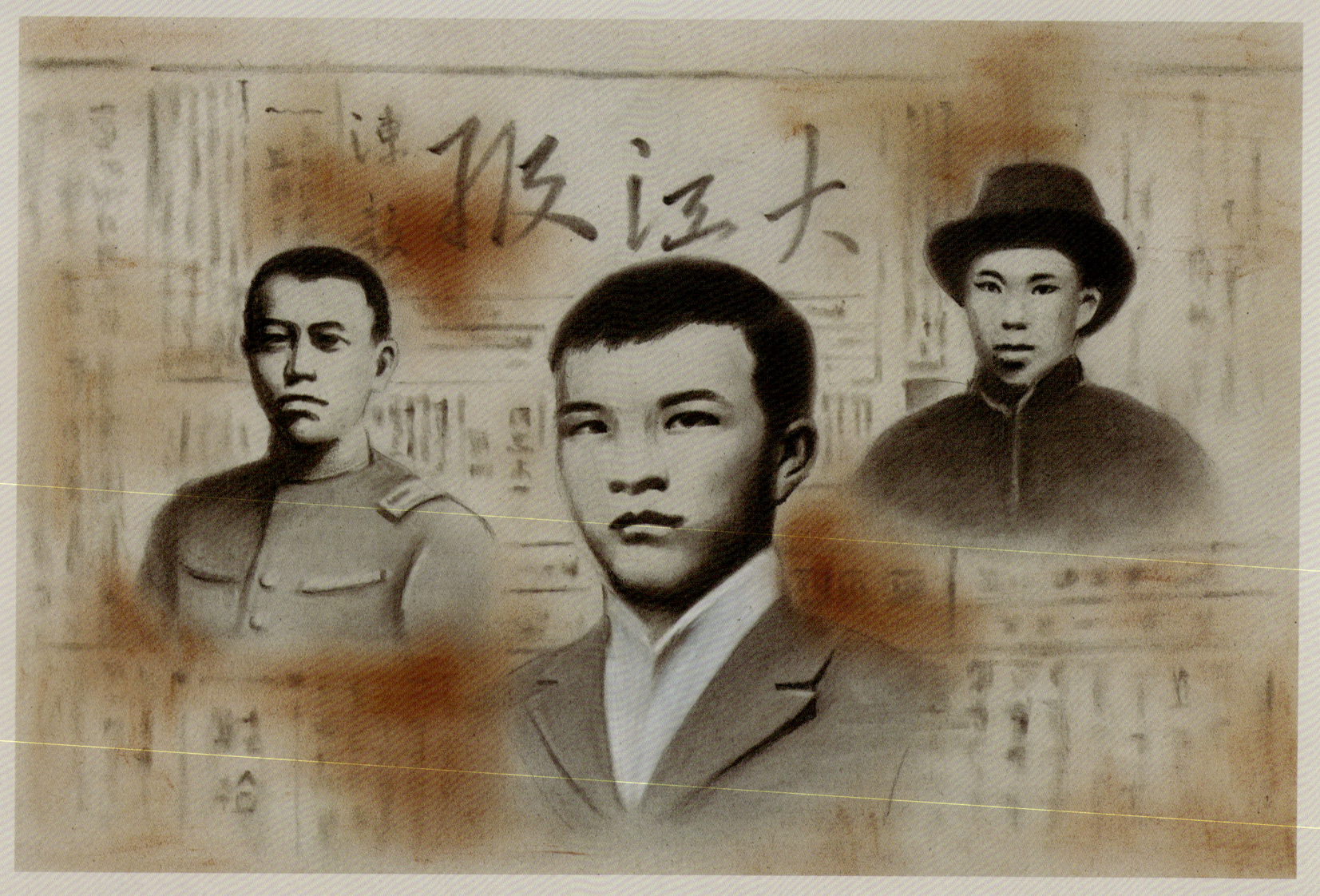

160. 文学社发起人有张廷辅、刘复基、蒋翊武、李擎甫、沈廷桢、张筱溪、唐子洪、商旭旦、谢鸣岐、萧良才、曹珩和黄季修等12人。社址设在武昌小朝街85号。

161. 1911年二月初五,文学社在武昌小东门蔡大辅家中召开了第一次代表大会,詹大悲和何海鸣主办《大江报》。此时,文学社有会员3000多人,占有湖北新军的五分之一。

162. 刘公从日本返回，带来了共进会的会旗和革命公告。杨士杰、杨玉如、李春萱等都是富家子弟，不满清廷，立志反清革命，在刘公的影响下成为同盟会会员。秘密革命组织共进会和文学社开始携手合作，以图大举。

163. 六月，革命党人孙武、邓玉麟、刘复基、蒋翊武、蔡济民，会同居正、宋教仁、熊秉坤一道达成了比较一致的意见，决心在武昌起义。起义机关在武昌小朝街85号。绘制了十八星的首义旗帜，印制了中华银行的钞票并盖上了票印。购买炸弹，制作炸弹，抄写安民告示。起义定在八月十五日。

164. 由于机关人员出入频繁,引起了租界内俄国巡捕的注意,只好搬到宝善里另外租借了一间空房,等待黄兴、陈其美在香港购买枪械弹药前来武昌。

165. 1911年9月14日,文学社、共进会在雄楚楼十号刘公的寓所召开了大会。大会决定不使用以前双方的名义,都以革命党人的身份参加战斗。

166. 为了解决起义经费，焦达峰向商人讲解革命。一位刘姓商人将经营的夏布全部充当革命经费，张振武变卖祖产，刘公以捐钱买官的名义从家里拿出钱来等等，为起义筹措经费。

167. 居正到上海邀请宋教仁来武昌。宋教仁却半信半疑,于右任也以报社事多摆脱不开。谭人凤生病入了医院。武昌的发难好像一时没有重要的领导人了。1911年9月24日,两个革命团体文学社和共进会在刘公寓所召开联席会议,决定10月6日发动起义。

168. 孙武、刘公、杨玉茹在武昌制定了起义的作战计划。刘复基宣布作战计划：以混成辎重工程队李鹏升在池塘叫人放火为号，同营混成炮队总代表蔡鹏来率队响应。以一支队由草湖门占领凤凰山炮台，以一支队占领青山，迎击海军，以工淄两队掩护。

169. 以熊秉坤工程营第八营攻占楚望台军械库，强占中和门；南湖八镇炮队第八标代表徐万年率炮队由中和门进城，攻击总督署。右旗八镇部队第29标、第30标总代表蔡济民、杨宏胜、测绘学堂总代表方兴等协同进攻总督署。八镇步队第32标代表陈子龙率队掩护。南湖八镇马队第8标代表沙金海及混成协马队代表陈孝芬警戒于城外。

170. 计划起义的第一目标是占领总督署,第二目标是占领武昌城,第三目标是占领武汉三镇。起义时间定在八月十五。起义的口号:"杀鞑子,明灭元!"但是,会议刚刚开完,就传来南湖炮队发生了事变的消息!

171. 原来，炮八标第三营的士兵王天宝、何天成等第二日要自动退役了，与好几位同党人一起喝酒送行。饮酒猜拳，声响极大。值班排长刘步云要他们小声一点。被王天保带醉意恶骂。

172. 刘步云向队管和管带宁鸿钧报告了此事。宁到驻地召集王天保等谈话说:"我不计较你们了,但是你们喝酒骂长官就是不对的。今天就早点回家吧。"这时来了杨凤岐管带,一定要王天保等人跪下,重责军棍,激起了王天保等人的反抗,十几个人力争夺过了管带们的军刀。双方对立殴打起来。

173. 革命党人张肇勋、孟华晨赶去向孙武报告，要求立刻起义。孙武非常为难，事出仓促，又怕匆促举兵会遭失败，孙武也就决定延期起义，关键是黄兴、谭人凤、宋教仁没有到达武昌。

174. 但经过此事,清军风闻到了八月十五的起义事情。就收缴了枪械到楚望台,专人看守。中秋节一律不准外出,不准过量饮酒。局势日益险恶。

175. 农历八月十八日孙武在家中制造炸弹。刘同到孙武家谈事情,一边吸着烟。香烟的火星掉到了炸药上,一时引发爆炸大火!大股烟火从窗口冒出,引起俄国租界的注意和警觉。

176. 孙武宝善里家中的所有的起义旗帜、标语、公告、文件都被俄国租界的巡警抄走了。并拘捕刘同等6人，起义花名册和军事指挥中心泄露。总督瑞澂派铁忠抓捕革命党带头人。

177. 孙武受伤送到医院治疗，由同情革命的日本人河野医治。孙武听到了这个消息，认为再也不能延期起义，一定要马上举事，免得生变数。

178. 湖广总督瑞澂下令关闭四城，四处搜捕革命党人。情急之下，革命党决定立即于10月9日晚12时发动起义。但武昌城内戒备森严，各标营革命党人无法取得联络，当晚的计划落空。

179. 蒋翊武、刘复基、彭楚藩等在小朝机关等南湖炮声。楼下军警一拥而上,刘复基扔出一枚炸弹,可是没有响。众人全部被带到知府衙门,连夜审问。瑞澂、铁忠先问彭楚藩:"你是我派去的宪兵,身为正目,为何反叛朝廷?"

180. 彭楚藩怒斥瑞澂、铁忠："你们鞑虏入关，扬州十日，嘉定三屠，下令割发，兴文字狱，卖官鬻爵，断送我大汉民族于千万不劫不复之地！我黄帝子孙，不忍见我民族沦胥，伸革命救国之大义，个人生命早付牺牲，死固不畏也！可速予死！"

181. 瑞澂闻言大惊失色。又提刘复基询问。刘怒骂:"你们满清入关,近几十年来,割地赔款,丧权辱国,诈称立宪,愚弄汉人,笔笔血债,一定要你们满人偿还!""死,对革命党人来说是不足道的。但你们丧钟已响,你们死期已经近了!"

182.刘复基的慷慨激昂话语,吓得两边军警们目瞪口呆。铁忠气得脸色发青,一拍惊堂木:"大胆!你们有多少同党,招来!"刘复基说:"四万万同胞,都是革命党人!"陈树屏说:"放屁,难道我也是革命党?"刘说:"你是汉奸,不够党人的资格!"

183. 门外观者人山人海，刘复基高喊："同胞们，大家努力，革命一定胜利！"1911年10月10日凌晨，彭楚藩、刘复基、杨洪胜三人就义于武昌东辕门外。三位烈士就义的消息立刻传遍了武汉三镇，民众悲痛欲绝。

画说辛亥

(下) 武昌起义

万翠屏 / 著
万翠屏 / 绘

团结出版社

图书在版编目(CIP)数据

画说辛亥. 下册 / 万翠屏著、绘. ——北京：
团结出版社，2021.10
ISBN 978-7-5126-9088-2

Ⅰ.①画… Ⅱ.①万… Ⅲ.①辛亥革命－通俗读物 Ⅳ.①K257.09

中国版本图书馆CIP数据核字(2021)第158906号

出版：团结出版社
　　　（北京市东城区东皇城根南街84号　邮编：100006）
电话：（010）65228880　65244790
网址：http://www.tjpress.com
E-mail：zb65244790@vip.163.com
经销：全国新华书店
印装：武汉银翔印刷有限公司

开本：185mm×260mm　　16开
印张：34
字数：55千字
版次：2021年10月第1版
印次：2021年10月第1次印刷

书号：978-7-5126-9088-2
定价：398.00元（全三册）

（版权所属，盗版必究）

1. 1911年10月10日,武汉三镇城门紧闭,军警戒严,人心惶惶。瑞澂下令从午时起大肆搜捕革命党人,决心要把革命党人一网打尽。同时要将彭楚藩、刘复基、杨洪胜三位革命烈士的遗体暴尸三日,杀一儆百。

2. 起义未举，一夜之间就牺牲了三位同志，更为严重的是起义的三位主要领导人也找不到了，孙武受伤住院，刘公不知去向，蒋翊武虽然逃过一劫但也不知道藏在什么地方。准备起义的同志也不知道该怎么办。

3. 同时,瑞澂搜捕到了50多位革命党人。还有不少背叛新军的走狗,带领清军查抄刘公、杨玉如、邓玉麟的家。铁忠按名单还在追查捕人,形势非常紧张。

4. 10月9日晚，邓玉麟与李作栋就从汉阳渡江到了工程八营，与熊秉坤紧急讨论即刻起义的事。准备利用晚间点头道名之后、二道名之前的七时发难。口令"同心协力"。10日傍晚，营中革命士兵焦急地等候城外炮队发炮，以便起事，但始终未闻炮声信号。另一方面，清方官兵正加紧戒备，对士兵控制甚严，气氛十分紧张。

5. 晚上头道点名后，清军排长陶启胜到五棚巡查，惊见该棚的正目（也就是班长）金兆龙荷枪实弹，陶启胜欲夺其枪，金见事败，疾呼曰："众同志再不动手更待何时！"

6. 金兆龙和陶启胜发生了冲突,棚中一会员程定国持枪开击,陶带伤逃走,于是人声沸腾,枪弹如雨。其他各营听到枪声,纷纷响应。这是辛亥革命的第一枪!

7. 队管黄坤荣、阮荣发堵在营门口，一边开枪一边高叫："你们造反！这是要灭九族的，妻儿老小在这里，千万不要上了革命党的当，造反是要灭九族的！赶快觉悟回去！"熊秉坤等人向楼下跳去。吕中秋一枪击伤阮荣发，程正瀛上前把他击毙。

8.熊秉坤带兵搜寻子弹未果,带领40多人出营盘,直奔楚望台军械库。路上,与八营代表罗炳顺、马荣相遇,罗炳顺、马荣告之革命党人已经夺得楚望台军械库,熊秉坤大喜。

9. 楚望台距离营区只有1000米,督练公所课长李克果听到营区的枪声,就集合了士兵:"我们要在这里抵抗!"士兵们说:"我们没有一粒子弹,如何抵抗?"李克果就叫士兵打开库门。

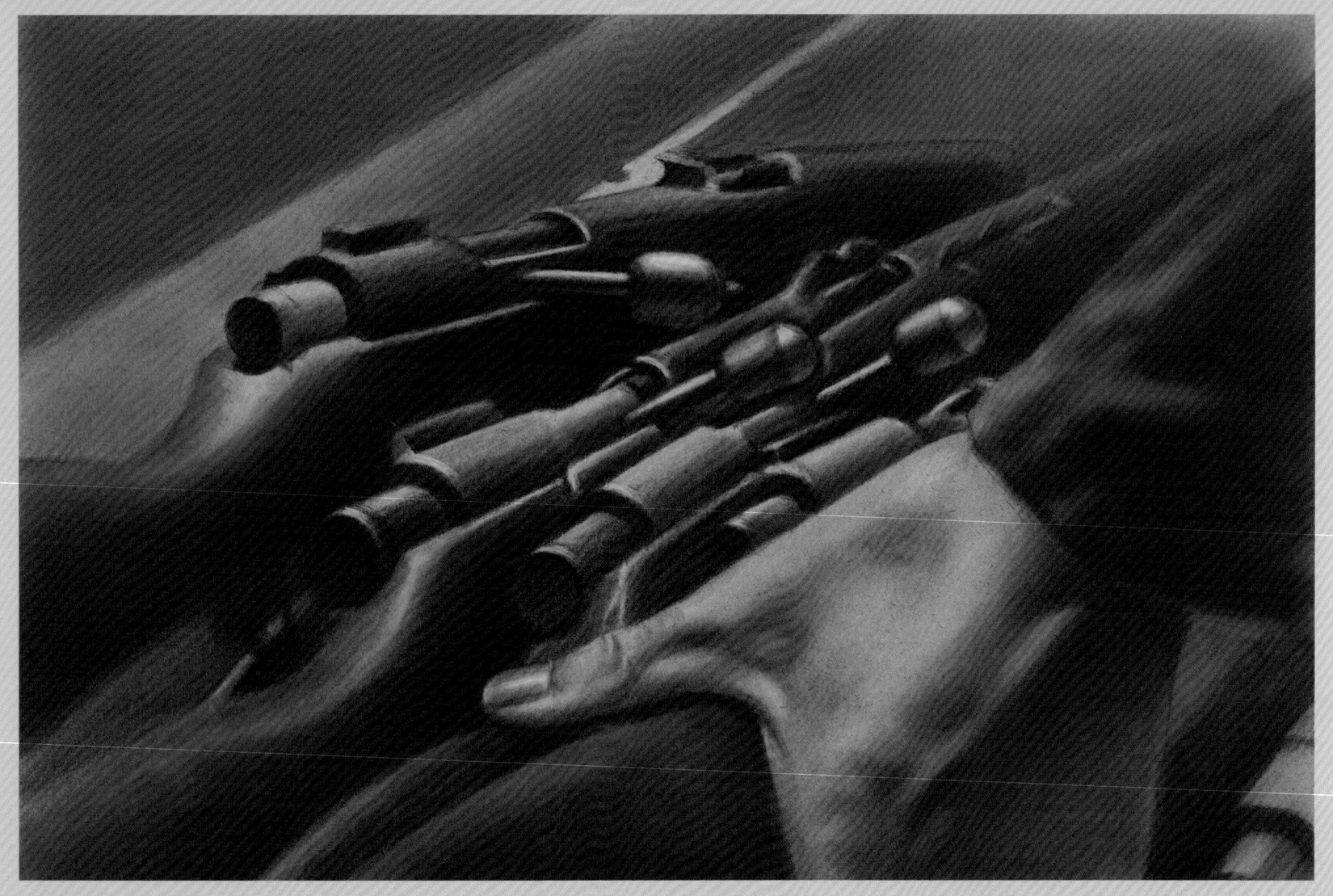

10. 士兵们拿到了两箱子弹,罗炳顺就朝天开了一枪,表示造反了!其他军官一见造反,马上逃走了。熊秉坤带弟兄到了楚望台,拿到了弹药,信心大增。熊秉坤以总代表身份,向大家动员:"本军称湖北革命军,兵种队号,都按照旧制。"

11. 吴兆麟在士兵中享有盛誉,熊秉坤、蔡济民尊重大家的意见,主动推举吴兆麟为今夜起义的临时总指挥。于是一个班长、一个排长、一个连长指挥着武昌起义。

12. 熊秉坤登台发号施令:"今夜作战,以破坏湖北行政机关,完成武昌独立为原则。作战目标,消灭瑞澂、铁忠、张彪、李襄麟!作战地点在大小都司巷、楜孤巷、吴家巷、望山门正街、水陆街、豹头堤等处。楚望台为本军大本营。"群情激动。

13. 熊秉坤又命令余兆龙带后队第二排及右队第一、二排出中和门；经十字街往南湖接应炮队八标，掩护八标入城。林振邦带左队占领千家街，向铁佛寺，伏龙寺方向警戒。口号是"同心协力"！

14. 这时，方维、蔡济民、李翊东都带了100多人助战，革命力量大振。已经达到了五百多人。三路人马汇集后，分头攻击出发。

15. 金兆龙到中和门，砸开三斤多重的铁锁，带人攻出城门。在长虹桥和清军楚英德队伍遭遇，双方激战仅仅几分钟，楚英德队伍败走。起义军冲到了南湖阅兵亭。

16. 金兆龙队伍在阅兵亭与马队接火，马队不能抵抗，起义军直接冲到了炮队后门，与炮队内部汇合。炮八标里几乎多是革命党人，仅仅标统一个人不是革命党。本来，10月9日炮队要起事的，知道孙武受了伤而延期。

17. 10日晚九时,城外的邓玉麟、张文鼎等听到城内枪声大作,就立刻行动起来了。革命党人王鹤年、蔡汉卿夺得山炮一门,推到操场燃放。

18. 炮响是起义动手的信号。孟华臣持枪把排长刘步云打死,大叫:"革命党人起事了!各位同志同心协力,推炮前进!"炮声一响,全标革命党人,都推出了山炮,汇合于中和门,直向湖广总督衙门前进。斗志昂扬,参加会攻督署之战。

19. 都督衙门在文昌门的城墙附近，无街道可通，很难攻击。周边围墙很高，正面巷道非常窄。城上机枪密布，武装消防队、督署守备队，也有几千清军。易守难攻。

20. 革命军分三路攻击，都受到清军的阻击，激战异常。到晚11时，熊秉坤在保安门指挥激战。对方是张彪亲自带人马抵抗。

21. 由于晚上天低云暗,炮兵看不清目标,炮兵难以命中总督署和第八镇司令部,吴兆麟派革命军在总督府四周燃起大火,让炮兵目标准确。

22. 当炮队加入，多门山炮齐鸣，落入督署的衙门内，革命军人士气大振！瑞澂非常惊慌，调令各路来保卫督署，自己则准备逃跑。当士兵去向瑞澂报告战况的时候，瑞澂早已经逃跑了。他从文昌门出城，逃到了楚豫兵舰上。瑞澂的逃跑迅速在军中散布，更增加了革命军的士气。

23. 张彪的司令部也被攻破，他躲到了自己家中，觉得还是不安全，只好慌忙逃到了平湖门外辎重一营肖国安处。张彪令人把四姨太的存款赶紧送到汉口日租界大仓经理三郎那里。

24. 守备督署的教练队抵抗非常顽强，用几挺重机枪猛烈扫射革命军进攻，死伤很大。熊秉坤大怒，组织王世龙、纪鸿钧、彭纪麟、马明熙等几十个人的敢死队，冒着弹雨冲上去。王世龙等人不幸牺牲。

25. 大家用一把火烧毁了督署衙门，大火烧到督署衙门大堂，官军才逃离。革命军进门搜索，张彪已不知去向。革命军继续向藩署进发，天明时，已经攻下了藩署，藩台连甲到柯峰时家中躲藏。

26. 攻克藩署后，吴兆麟清库银，有现银220万两，现洋100多万，银票五百多万两。吴兆麟以手加额头，大喜说："革命军正愁无款，此乃天助我也！"

27. 彭瑞林此时来报告，找到十五门巨炮，炮弹无数，都在张之洞所建的大型军械库里。吴兆麟马上派兵守备。

28. 10月11日上午，革命军已经占领了整个武昌。武昌起义胜利了，接下来需要一个革命军首领，熊秉坤、蔡济民、吴兆麟考虑到自己的身份不够服众，需要一位能服众的人出来主持大局。

29. 此时，孙中山先生远在海外，黄兴、宋教仁、谭仁凤等迟迟不来武汉，孙武被炸伤住院，刘公被隔断在汉口，蒋翊武还在逃离。如是大家商议请黎元洪统领担任革命军的大都督。但现在不知道黎元洪躲在哪里。

30. 黎元洪本是留洋海归，思想开化较早，他是清末的思想家、海军理论家严复先生的学生，后又被时任湖广总督的张之洞看中并委以重用。

31. 而且黎元洪对革命党人内心同情,他与旧式军官不同,他对自己的下级士兵很是疼爱且从不打骂、待人平等尊重。长着一张国字脸、一撇八字胡的黎元洪被官兵们称作是"黎菩萨"。

32. 之前,"黎菩萨"若是发现自己的部队里的革命党人后,他顶多就是开除军籍,将他们驱逐出军营,并不像其他官员那样砍头示众然后上报朝廷邀功。

33. 大家正在找寻黎元洪的下落时，正好马荣报告知道了黎元洪的下落。在中和门附近抓到一个挑皮箱的人，怀疑他是乘乱打劫的，经过盘问才知道是黎元洪的亲信，从他口中得知黎元洪的藏身地点。马荣带兵到谢国超家里请黎元洪。

34. 当时,黎元洪听到革命炮声响起,他已经六神无主了,关闭四十一标营门,不准人进出,严阵以待,不还击,不追击,不负皇恩,维持到底!

35. 当革命党人周荣棠来劝降黎元洪时，被士兵抓获。周荣棠大叫："革命党人起义了！同胞们，快去攻打督署！"黎元洪拔刀砍向周荣棠，伤到了一个臂膀，周还是大喊革命口号。黎元洪接连数刀，把周荣棠当场砍死。

36. 黎元洪对部下说:"我身为协统,部下兵变,我有责任。革命党如被打垮,我必受朝廷严惩。革命党人如胜利,我的命能否活,亦无可知。我现在在水深火热之中。"

37. 深夜的战斗中黎元洪深感大势已去，怕炮弹打到自己家里，打扮成账房先生逃到谢国超家里避难，发现少了两箱金银细软，如是又派亲信刘文吉回家去取，当刘文吉带着三个皮箱到街上时，被马荣查获。

38. 马荣、汤启发带兵到谢国超的家里,将黎元洪挟持,带到了吴兆麟的军中。黎元洪带到楚望台,知道自己性命无虞,心略略放下。见一路上士兵们吹号,举枪敬礼,他一脸焦急,不知所措。

39. 黎元受到吴兆麟等人的拜见,他说:"难道您不知道吗?革命是要诛灭九族的。以你的聪明才智,在军中晋级是很容易的。你还是叫大家各自回到营地,不要把事情闹大了,不得了!"

40. 马荣在旁边大声说:"黎元洪,你昨天杀了我们的同志,我们还没有问你的罪。今天请你来,是大家抬举你,你要是执迷不悟,我们就把你当汉奸论处!"举枪对着黎元洪。

41.吴兆麟挡住了马荣的枪,对黎元洪说道:"黎协统,请原谅!我们昨日杀人太多,大家身上杀气太重,动起手来,伤了协统不好!"吴兆麟说:"瑞澂是个昏庸之辈,处置不当,激起了全体鄂军哗变。统领您素得民心,请大统领来担当大都督!"

42. 黎元洪到了此时，完全身不由己，只好跟随大家到咨议局。坐在马上，有几十个护兵护送。卫兵举枪敬礼，大群革命党人恭恭敬敬把黎元洪送出营区。

43. 等黎元洪被护卫到了咨议局门口，从容下马。黎元洪显出了平日的威风。进门，有人大喊："黎都督到！"大厅里，众人起立，黎元洪一言不发。

44. 吴兆麟发言:"今天武昌已经光复,天下震动,清廷闻到必定吓破胆。就兵力而言,湖北兵力虽然不大,但斗志高昂,枪械精良,财政充足,足足可以抵抗清军的反扑。"

45. "天下知道武昌举事,必定闻风而起,燎原烽火。此举非比寻常,需要一位德高望重之人,以召天下。公推举黎统领为湖北大都督,汤化龙为湖北民政总长。两公都是湖北人,以两公威号天下,天下必定响应!"吴兆麟带头鼓掌!

46. 黎元洪大惊失色,连连摇头:"诸公勿害我,勿害我!此事体大,我不能胜任,请你们另举贤能。"李翊东见黎元洪坚辞不就,大怒。持枪在手对着黎元洪大声说:"你当满奴就当杀!我们今天不杀你,举你为都督,而你却不从,甘心为满奴,再不应,我马上杀你!"

47. 黎元洪见状，吓得手脚无措。陈磊、蔡济民在一旁阻止了李翊东。大家都在旁边劝住。黎元洪道："现在督署已经攻下，但瑞澂、张彪未获，你们何以善其后？"吴兆麟说："只要你统领当都督，一切就好办了！"

48. 黎元洪问:"你们吃多少钱粮,多少军队?"吴夸大说:"京山刘英有十万大军,三日可以到达武昌。库银有3000万。"黎元洪担心江中的军舰,说十发炮弹可以摧毁武昌,而瑞澂、张彪一定回来反扑。革命军能退到哪里去?

49. 吴兆麟解说了湖南焦达峰下个月起事,可以共同退守湖南。黎元洪叹了一口气,"我只有这条命,给你们玩掉吧!"朱树烈在旁不胜烦,抽出刀来,举刀自杀相逼,并对黎元洪道:"你要再不识相,明年的今日是你我的周年!"

50. 朱树烈举刀自杀行为，大家震动，空气紧张。蔡济民建议先关黎元洪一夜，明天以黎元洪大统领名义发布公告。当时会议决定：以咨议局为军政府，改称中国为"中华民国"；改政体为五族共和；称中华年号为"黄帝纪元四千六百零九年"。

軍政府示

照得保衛治安　首在除暴安良
流氓乘機搶掠　最為擾害地安
警察嚴密巡邏　交明法律彰彰
兼派巡防各隊　保護醫院教堂
地方不擾秋毫　商民毋得驚惶
訛明匪類搶劫　即以軍律主張
從此洗心革面　漢族急圖自強
深望家喻戶曉　其各凛遵毋忘

黃帝紀元四千六百零九年八月廿九日

51. 以黎元洪为大都督的布告传布各省：照会各国领事，宣布清朝罪状；布告汉族同胞为满洲将士促其觉悟；军政府设立机关四部——参谋部、军务部、政务部、外交部；设立招贤馆，等等。

52. 当日以黎元洪名义发出《中华民国国民军军政府鄂军大都督布告》。告示贴出，满城欢悦，老少妇孺，都出来看告示。吴兆麟下令赶造军旗，以十八个锥角的星旗，表示十八个省的大联合。以红色为主，纪念无数革命志士用鲜血换来的胜利！

53. 11日,汉阳革命党人不知道起义。直到清军派肖安国的兵来保卫兵工厂,才知道出事了。晚上,四十二标的胡玉珍集合大家,说:"我们报仇的日子到了,武昌已经被革命军占领!"大家白毛巾缠在右臂。推举日知会队官宋锡全当总指挥。

54.汉口的革命党人迅速占领了弹药厂、兵工厂,把三门大炮推上了龟山上,正对着江面上的"楚豫舰"。"楚豫舰"获知了龟山被革命党人占领,就发炮攻击。龟山的三门大炮也猛烈回击,"楚豫舰"中了好几发炮弹,只好退却逃走。

55. 二营代表赵承武是汉口军的总指挥,和胡玉珍会面后,赵定下午六时起义,宣布了起义的纪律:"挟报私仇者斩!争权夺利者斩!扰害商民者斩!"

56. 很快，革命军进攻迅速，全占领了汉口，在狱中救出了詹大悲、何海鸣、刘同、胡瑛等人。可怜革命先哲刘敬安五月已经病死狱中。所有狱中带出的犯人一律称为同志，到咨议局集中，编为间谍队，由胡瑛带领，成为一支劲旅。

57. 10月11日上午，各路人马都到楚望台集中。吴兆麟下令打开四城门，各个炮队在城楼上守备，宣布武昌正式光复！汉阳、汉口也相继光复！

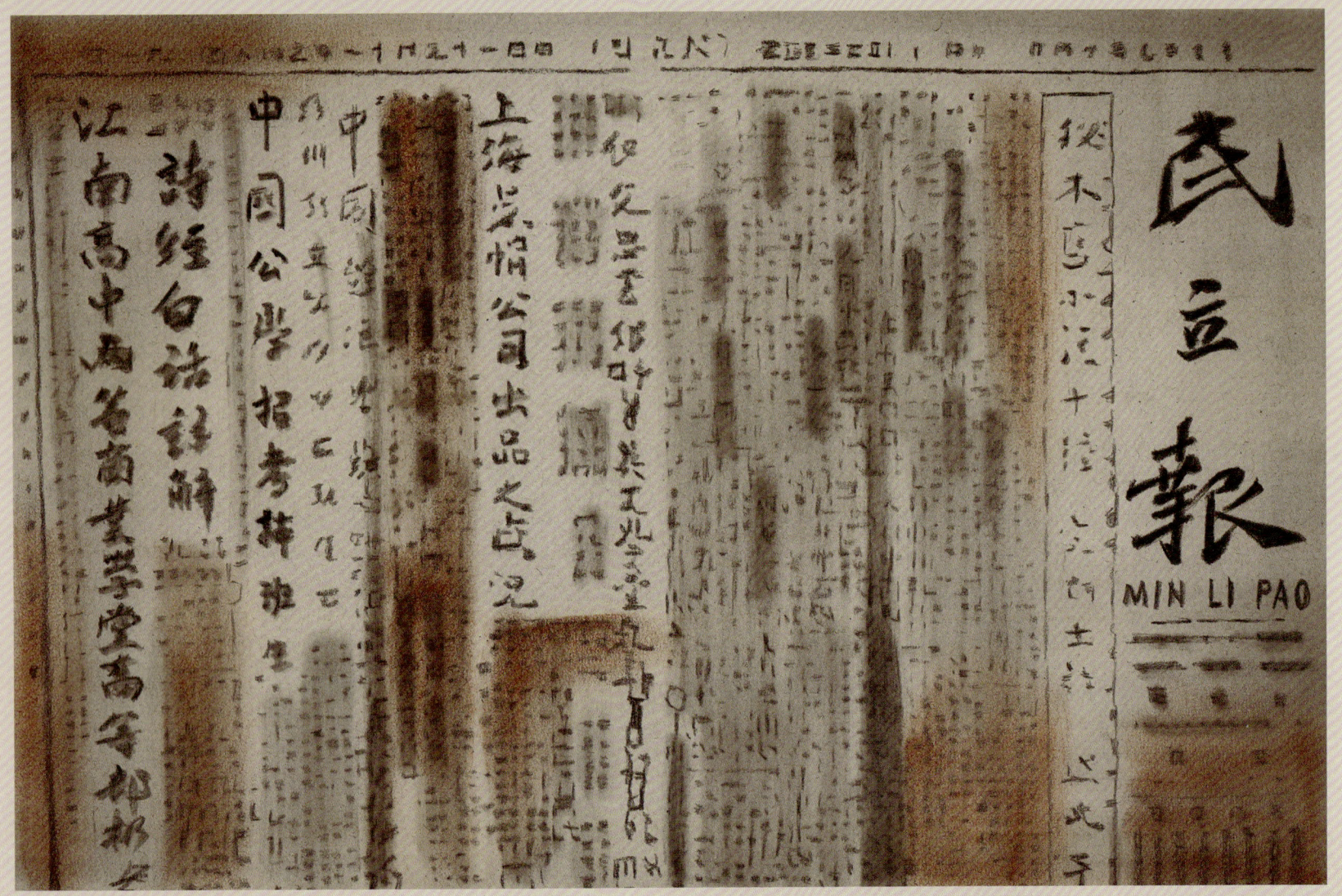

58. 武昌起义成功,如晴天霹雳,震动海内外。《民立报》上发表于右任的文章:"秋风起兮马肥,兵刃接兮血飞。蜀鹃啼血兮鬼哭神愁,黄鹤楼头兮忽树革命旗!……今日革命据兵工厂,断京汉线,渡江与洋人周旋,赴势如迅速,天乎天乎!"

59. 清廷获悉武汉光复，摄政王急得六神无主，要派遣大军南下，剿灭乱党，夺回武汉三镇。

60. 清廷派陆军尚书荫昌去湖北督师平叛,调冯国璋为军长。同时,派海军提督萨镇冰率长江水师赴武汉,协助荫昌。

61. 还在乡下的袁世凯得知当下乱局，一方面让他训练的新兵不要轻举妄动，一方面准备启用杨度和汪精卫。

62. 黎元洪虽然被推举大都督,但是他仍然觉得大祸临头,终日不发一言,身在曹营心在汉,胜者王侯败者贼。木偶尸居,表示自己忠于大清朝廷。

63. 三十一标的100多名清军突然偷袭咨议局，黎元洪趁乱逃走。陆军学校学生赶到，把敌军打跑。革命人在黎元洪的家中把他寻到，程正瀛带一排兵，软禁了黎元洪。晚上移居到21协司令部。大家对黎元洪非常生气。

64. 张振武对吴兆麟说:"黎元洪敬酒不吃吃罚酒,不如杀了他!免得他逃跑了又成为革命军的敌人。都督一职还是您吴兆麟担任吧。"吴兆麟连连摇头,说:"兄弟我资历太低,非借黎元洪的名望可以号召天下,一可以使各省表示同情,二可以使清廷胆寒。"

65. 陈磊、李作栋也同意杀黎元洪:"黎元洪是'满清'的奴才,您吴老担任都督,名实相附,众人相望也!"吴兆麟还是觉得黎元洪当都督有影响。

66. 次日蒋翊武、张难先到达武昌，劝说黎元洪，其还是一言不发。请来他的亲信王安澜也没用。但大家还是觉得用黎元洪的名头对革命局面起到稳定作用。黎元洪本人厚重知兵，很有威望，都督非他不可。

67. 正好瑞澂在江面上带来三艘军舰,"楚豫""楚材""江清"炮击两望和青山一带,与革命军激战两个多小时。革命军用城头的巨型海岸炮回击,威力巨大,"楚豫"和"江清"号连中几弹,火光冲天,舰队受伤败退逃跑。

68. 黎元洪听到这个消息,心中有了很大的转变,知道"革命军还是不得了"。虽装得还是一副哭脸,但开始开口了,对大家说:"我在此几日,真对不住大家。"

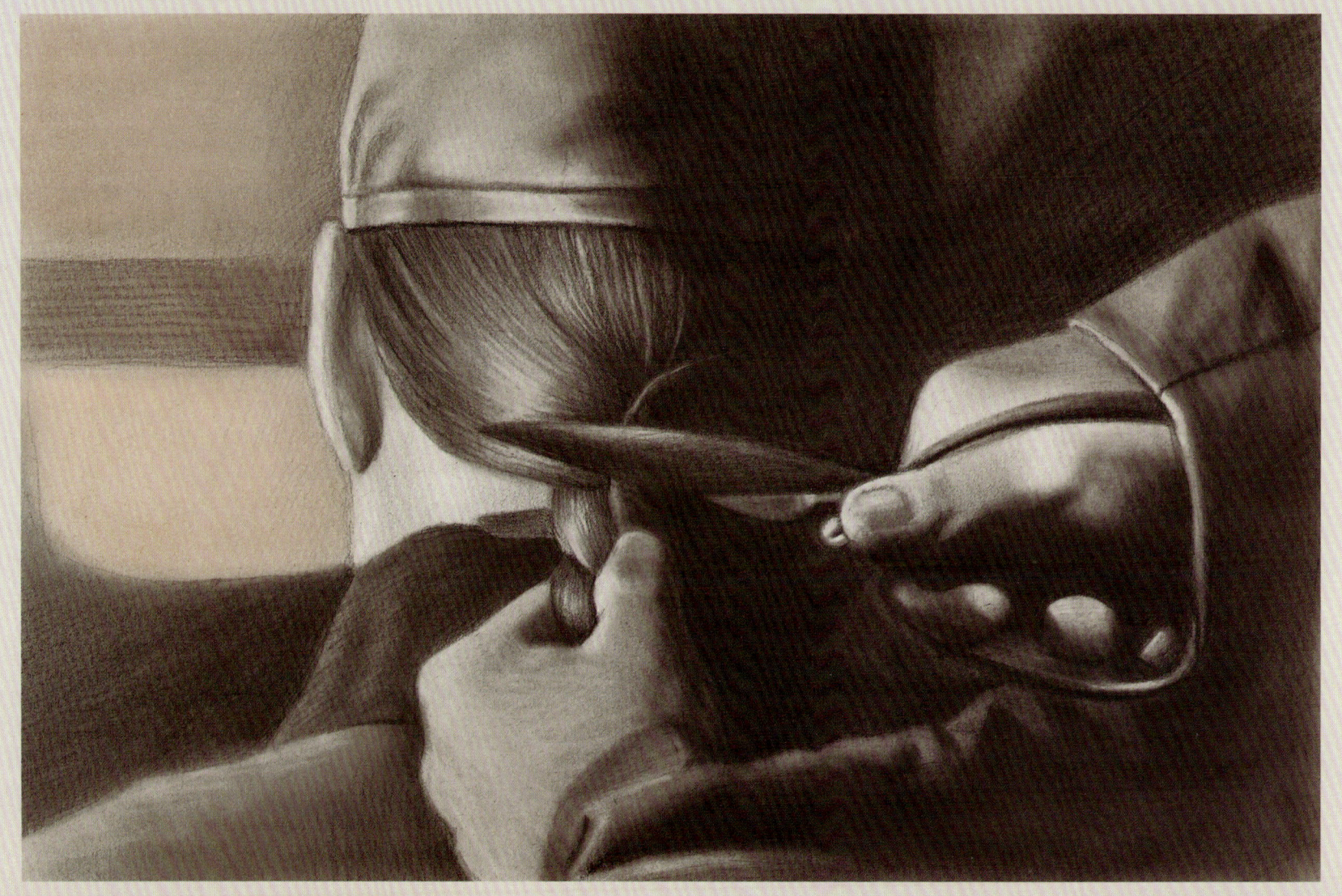
69.陈磊说:"那你现在还是留着辫子,你是都督,应该带头剪去辫子才是!"黎元洪说自己是早已有剪辫子的打算。拿起剪刀,当场把辫子剪掉了。

70. 大家一致鼓掌叫好，拥戴他召开军事会议。黎元洪正式被逼上了梁山，他慷慨地说："我此时决心已定，自此之后，当与诸君，同生死共患难！"态度非常坚决。

71. 黎元洪会上侃侃而谈："今日革命，推翻清朝，恢复汉土，废除帝制，建立共和。兄无才无德，自料难当大任。但众意难推，我身为军人，自应受命。从此破釜沉舟，坚决去干！"黎元洪写信给张彪，劝他归附革命。张彪大骂黎元洪叛徒，把信撕了。瑞澂搭上火车逃走了。

72. 黎元洪上任后，接连会见各国领事，拒绝清政府的一切借款和不平等条约，表达已经废除帝国，实现了共和。黎元洪的这番话，刊登在各国的报刊上。声张了中国人的志气，影响极大。

73. 居正、谭人凤抵达武昌，召集了各路人马，以同盟会总部的名义在农务学堂开会。先表达武昌起义的祝贺，同时告诉大家"黄兴、宋教仁诸君也不日会来到武昌，将与诸君一道，推翻'满清'"。

74. 现有的军政府只是下级军官提升的,不懂规矩,像个闹市。市政体系没有一个章法。居正认为需要人事改动,成立正式的军政府。此想法和汤化龙不谋而合。

75. 革命军设立了誓师祭祀活动。设立香案、太牢，供上牛羊，中间放了黄帝的牌位，鼓乐大作，军队整齐排立，场面很大。

76. 黎元洪全身戎装，亲自上香，带领官兵四叩行礼。朗读祝文，接着宣誓效忠共和。祝官上前授予爵带和都督印信。台下军乐号角中，军队举枪肃立。

77. 祭奠活动后,居正在教育会堂宣读了《军政府组织条例》,这条例是汤化龙精心起草。居正正式地说:"孙先生在海外研究革命多年,今闻武昌起义成功,特地派我带来这个条例,希望各位遵守。"

78.会上又确定黎元洪兼为总司令,杨开甲任参谋长,孙武为军务长,胡瑞霖为理财局长等。

79. 武昌起义胜利,汉阳、汉口的革命党人闻风而动,分别于1911年10月11日夜、10月12日光复汉阳和汉口。武昌军政府发布的全国檄文,传播中华大地,使得清朝皇贵极度恐慌。全国掀起了反清的高潮。

80. 瑞澂逃到租界的德国公使馆，要求德国军舰相助炮击。德国领事是孙中山的德国好友，理解革命的意义，和法国、俄国、美国一起商议后，决定对革命行为保持中立。

81. 各国公使们特地送一份公函到武汉军政府，表明中立的态度。黎元洪见了大喜。发了答谢各国谢文六份，派胡瑛、汤化龙等送到各个领事馆。

82. 清朝政府有人提出要袁世凯来督师,但满朝大臣认为袁世凯脑后有反骨,绝不能启用。选来选去只有荫昌了。荫昌,满族正白旗人,任陆军部尚书,担任过北洋训练的总办,与北洋的诸位将军有师生之谊,可以指挥。同时选了北洋精锐队伍组成战时混合军。

83.清廷派冯国璋为军统,统帅两个军去征讨革命军。冯国璋提出要先去河南漳德,向袁世凯请教战斗的方略。载沣同意了。

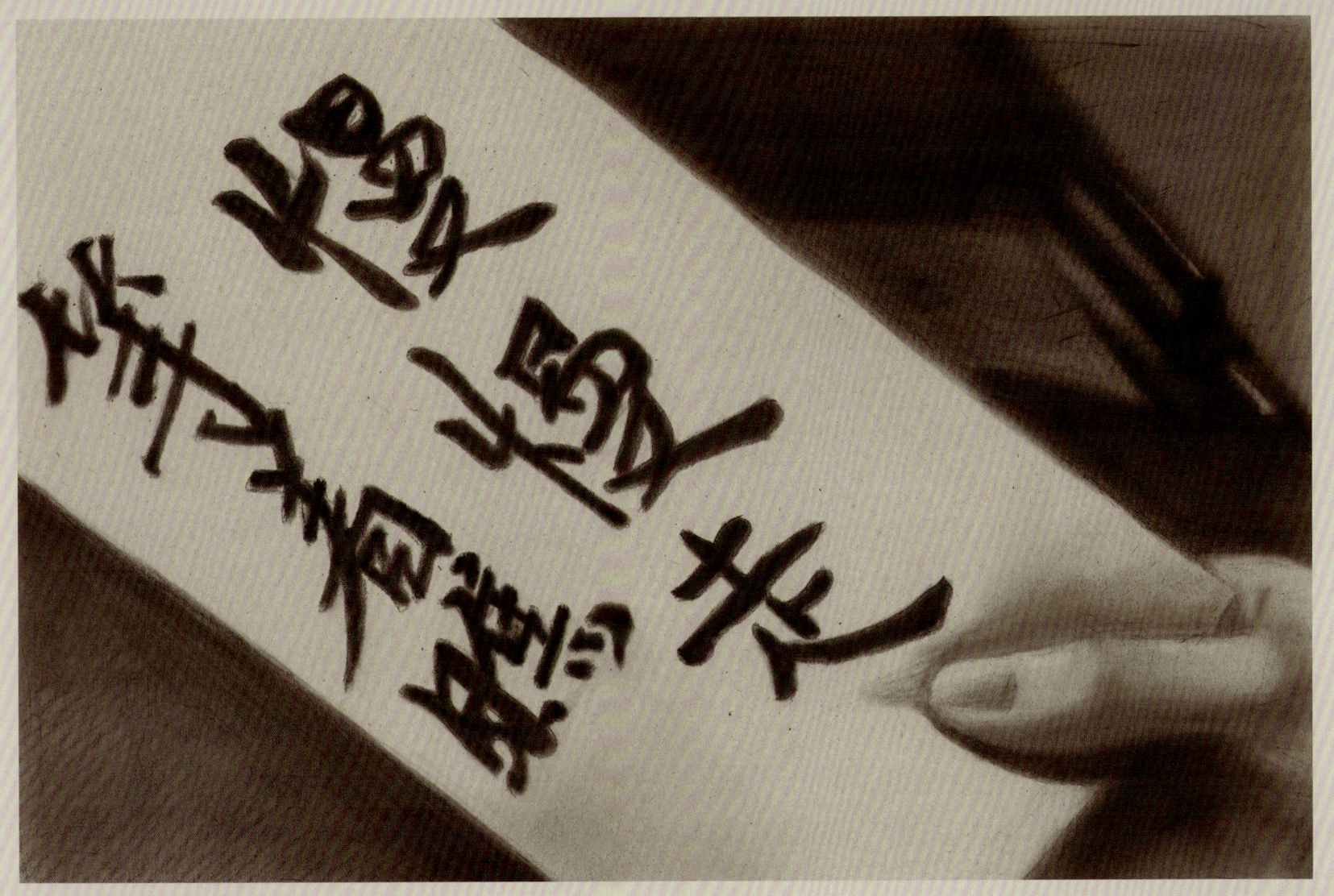

84. 袁世凯自从隐居后，一直观察天下大事，各路政客来来往往，络绎不绝。对武昌起事，袁世凯了如指掌，当时袁52岁。冯国璋来洹上村见袁世凯，袁世凯只给了他六个字"慢慢走，等着瞧"。

85. 冯国璋把六个字给了荫昌。荫昌也是袁世凯的老友,仔细辨别这六个字意思,不管朝廷如何下上喻"火速",他都不急于出兵了。

86. 这时，李鸿章、张之洞、刘坤一都已经去世，朝廷几乎没有可用的得力人才。英国公使朱尔典也亲自来朝廷表示："如果获得袁世凯的襄助，叛乱才得平息。"朝廷一片启用袁世凯的声音，摄政王载沣只好发上谕，任命袁世凯为两广总督。庆亲王和那桐做保人"节制调遣"，兼任荫昌军内的副手。

87. 湖广总督的位置,根本打不动袁世凯的野心。杨度、阮忠枢、王锡彤往复京豫拜见袁世凯,请他出山。袁世凯叫这些人回复朝廷,说自己"旧患足疾,迄今尚未大逾,左臂又痛。等待有所好转,就立刻当道"。给摄政王一个软钉子,也让北京的清朝权贵们非常着急,无计可施。

88. 袁世凯对来的徐世昌开出了六条出山的条件：1.明年召开国会；2.组织责任内阁；3.开放党禁；4.宽容武昌起事的人；5.宽筹军费；6.授给他指挥前方军事的全权。狮子大开口，与徐世昌唱了一出双簧。

89. 奕劻、摄政王见到这六个条件，群体都反对！这是袁世凯要挟朝廷给与他一切全权！摄政王坚决不同意。但这时，告急的刘家庙战斗失败，转变了朝廷的态度。

90. 革命军武昌胜利后，扩招三万兵，实力大大增强。斗志昂扬，士气很高。军政府不扰民，百姓拥护。10月13日，张彪带领部分清兵占据汉口刘家庙车站，准备和南下的北洋军会合，保住汉口，反攻武昌。

91. 14日,清政府编组一、二、三军,以随荫昌赴湖北的陆军第四镇及混成第三协、十一协为第一军,荫昌为军统(也称总统);以陆军第五镇为第二军,冯国璋为军统;以禁卫军和陆军第一镇为第三军,载涛为军统。三军迅速向汉口附近集结。

92. 消息飞快传到武昌阅马场湖北省军政府，都督黎元洪下令革命军渡江到汉口，前往刘家庙阻击清军集结反攻。这是阳夏保卫战的开始，第一场战斗发生地点就在汉口刘家庙车站，刘家庙因此载入中国近代史史册。

93. 湖北提督张彪是张之洞亲手培养的湖北新军主帅，清廷忠臣，一员悍将，作战风格凶狠强悍，湖北新军尽人皆知。湖广总督府保卫战吃了败仗，来到汉口刘家庙，三天之内（10月13日到10月15日），会合了从湖南和河南两省赶来的清军援军一共两千人，准备和革命军决战。

94. 此时，海军总司令（统制）萨镇冰率领清水师舰队溯长江而上到汉口，立刻投入对刘家庙战事的支援。10月17日，荫昌在河南信阳指挥清军入湖北作战。

95. 革命军这边的力量是，渡江到汉口的湖北新军部分官兵，湖北军政府征募汉口市民参军。10月17日，黎元洪正式担当起湖北军政府都督的职责，下达命令坚决阻挡南下清军的攻势。

96. 10月18日，革命军向刘家庙踞守清军先后发起两次进攻，战斗进行得非常艰苦，双方拼死相持，由于萨镇冰指挥的清军舰从江上炮轰支持，增添张彪等步兵军团的强大火力，革命军受创严重，一度沿铁路线退到大智门车站，退入汉口市区。

97. 10月19日，天还未亮，革命军从刘氏花园，从西商跑马场、从大智门火车站，向东推进，再次向刘家庙发起攻击。前来参战的有京汉铁路江岸机务段的工人，铁路沿线棚户区的贫苦市民等。

98. 清军被击溃，躲进铁路沿线棚户区，革命军及当地市民火烧棚屋，清军慌乱溃逃。此时，长江江边，清军舰艇暂时停火，炮弹供给不上来，乘此间隙，革命军一鼓作气攻占刘家庙，清军退到三道桥，至滠口待命。

99. 下午四点,清军的一列增援火车开到,王占元一标人马到达刘家庙。车刚停下,革命军一阵猛烈炮火,把列车轰毁掉。参观的老百姓见火车被轰毁,万声欢呼,锣鼓鸣号助威。革命党人士气大振,英勇杀敌,以一当十。清军打败,落荒而逃。

100. 这一仗，革命军缴获很多，得到大量军械弹药和物资。老百姓送来罐头酒肉，犒劳三军。各个报刊都有重大的新闻发出。

101. 湖广总督瑞澂从江面看到清军的溃退，感觉大势已去，下令"楚瑜号"军舰起驳驶往上海。10月19夜，湖北军政府决定乘胜前进，向滠口发起攻击，任命黎元洪旧部属张景良为汉口前线总指挥。

102. 刘家庙战斗进入第二阶段，10月20日，黎元洪派张景良过江来到汉口前沿阵地，张景良不作任何战斗部署，四处看了一番，人就不见影子了。当天，湖北军政府听说汉口前线总指挥失踪，直接下达进攻命令。

103. 10月21日清晨，革命军兵分几路进攻滠口，作战部队以湖北新军正规军队为主，黎元洪派出步兵军官张廷辅、熊秉坤，炮兵军官蔡德懋，敢死队长方兴、马荣，率领部队过江支援，沿汉口东北郊外的张公堤加强巡防守卫。

104. 10月26日,清军分水陆两路向刘家庙发起反攻。阳夏保卫战进入危局。

105. 海军统制萨镇冰亲自把舵，引导四艘巡洋舰乘夜由阳逻驶入滠河，从谌家矶重炮轰击埋伏在三道桥一带的革命军。清军步兵则从滠口沿铁路正面进攻，另一支清军从岱家山、姑嫂树向刘家庙、三道桥侧面进攻，革命军伤亡惨重，情况万分危急。

106. 此时张景良乘着前线吃紧此地空虚的当口,指示跟随叛军放火烧毁刘家庙车站内的军火弹药及装备。前方将士回头,远远看见后方大火黑烟冲天,以为刘家庙车站已经被清军占领,绝望之下退出三道桥前沿阵地,不敢沿铁路返回刘家庙,以大智门车站为第二道防御堡垒。

107. 没有人指挥的革命军溃退到大智门,安定之下渐渐才获得准确战报:刘家庙并没有被清军占领,兵行诡道,自己这方出了奸细,白白放弃汉口军民流血牺牲占住的营垒。几天后,张景良被革命军就地处决,他与清军的勾结内幕还是个谜。

108. 湖北新军标统谢元恺担任指挥，从大智门火车站出发沿铁路线向东直奔刘家庙车站，与刚刚赶到这里的清兵展开近距离战斗，长枪和大刀，近身肉搏，血肉横飞，近乎拼命的攻击令清军士兵胆怯，不想也不敢与之硬抗，逃出车站站房，向三道桥方向退去。刘家庙再次被革命军占领。

109. 10月27日,袁世凯走马上任来到信阳换掉徒劳无功的荫昌,统领北洋军、湖北清军以及长江清兵水师,全盘掌控兵权。当即下令整编"旧部"北洋军,任命原第二军统领冯国璋为第一军总统官,段祺瑞为第二军总统官。

110. 10月27日，对袁世凯绝对效忠的冯国璋，指挥北洋军从滠口经三道桥强攻刘家庙，守在这里的革命军人数本来不多，经历之前数场战斗已经体力衰竭，武器装备更不能和装备精良的北洋军相比，刘家庙再次失守，革命军退到大智门。

111. 10月28日,清军强攻大智门,炮火掀天,步兵突进。谢元凯和马荣率领部下前后两次冲出车站,逼近清军,近距离肉搏,迫使敌方前锋部队胆怯后退。但,这也只是片刻间的喘息,少数人的慷慨献身挡不住大部队的军事行动。

112. 大智门争夺战前后三天,清军采取扇面攻势,从刘家庙沿铁路线向西,向大智门车站进攻;从姑嫂树、岱家山、西商跑马场往西南行动,向汉口市区中心进兵。冯国璋命令炮兵避开租界,大炮向华人居住区猛轰,革命军及市民死伤惨重,大智门车站被炸成废墟。

113. 自大智门之后，汉口保卫战，革命军没有总指挥，将近三千官兵阵亡，渡江到汉口的湖北新军正规军人所剩不多，湖南援军撤走，剩下的汉口守军队伍溃散，装备丢失，来不及整编，武昌政府派来炮队增援，但也是杯水车薪，北洋军的兵力实在是太强了。

114. 10月28日，黄兴由香港经上海乘船来武昌。黄兴在武昌码头下船，来到湖北省咨议局大楼。正愁没有得力军事指挥人才的黎元洪大喜过往，当即任命黄兴为战时总司令，全权指挥阳夏之战。

115. 10月29日,清军攻陷循礼门,革命军向南退却,退往汉口华埠商住区。清军跨过铁轨,沿街追击,搜寻每一幢房屋和每一条巷道。冯国璋率兵占领汉口三大车站将汉口出入口控制在手里。北洋武备学堂毕业的冯国璋,不光是好勇斗狠,还有作战谋略。

116. 当天,黄兴赶往汉口六渡桥满春茶园,指挥汉口军民与北洋军的街市巷战。敌众我寡,革命军且战且退。

117. 汉口老城像一座深藏莫测的巨大的迷宫，走得进去不见得走得出来，街巷曲折，纵横交错，辨不清东南西北，房屋密集，层叠重复，看不见前后首尾，革命军退进街巷，如游鱼入水，被汉口市民保护起来了。

118. 10月31日,清军炮轰后城马路以南至河街的大片街市,冯国璋指挥部下从循礼门、玉带门一路横扫过来,跨过后城马路走到花楼街和六渡桥就傻了眼,平原上长大的北方人,密如蛛网的汉口街巷让他五心烦躁脑袋发晕。

119. 冯国璋振振有词：防止"匪党"窝藏于街市；汉口民匪一家没有分别；烧光一片。于是下令火攻，清军一把火，从四官殿到龙王庙，大火三日不绝，商埠民居化为焦土。

120. 11月1日,清军占领汉口,革命军从龙王庙渡船过汉江,南岸嘴上岸,占领龟山和汉阳铁厂。汉口保卫战,谢元凯、徐少斌、孟发臣、方兴、马荣、赵承武、蔡德懋、熊世藩、王家麟等革命军军官前赴后继奋战到生命最后一刻,舍生赴死。

121. 11月3日，黎元洪代表湖北军政府在武昌阅马场举行拜将仪式。黄兴临危受命，率领参谋长李书城、秘书长田桐赶往汉阳，在古琴台设立革命军总司令部，后来转移到昭忠祠，在归元寺设粮台，接手指挥阳夏之战。

122. 黄兴登台领受将印的这一天，袁世凯从河南信阳来到了湖北孝感，距离汉阳城已经很近了。战时总司令黄兴布置汉阳和武昌的防务，在蛇山、龟山设炮兵守卫，在南岸嘴至三眼桥的汉江沿岸设兵防守。

123. 11月上旬，全国十八个省宣布光复，宣布脱离清廷成立独立政府，形势对湖北军政府有利，湖南革命党人也腾出力量，派遣军队跨省赶来武汉。汉阳前沿渐渐聚集起湘鄂联军一万余人，黄兴感到眼前一片光明，下令反攻汉口。

124. 11月16日,驻扎汉阳的革命军绕过清军在南岸嘴设下重装布防,从琴断口搭浮桥渡过汉江,埋伏在汉水北岸。11月17日,黄兴亲自率领反攻部队向汉口城区发起攻击,由西至东,攻占博学书院和既济水火公司水厂先头部队直逼玉带门。

125. 北洋军另一支队伍，由孝感到新沟渡过汉水占据蔡甸。11月20日，从蔡甸进逼三眼桥，黄兴调动军队西向迎敌。11月21日，双方在三眼桥展开激战。冯国璋指挥汉口清军从舵落口渡河，冲破米粮山防线，与蔡甸方向赶来的清军配合，攻打米粮山，对革命军形成夹角之势。

126. 黄兴下令汉阳守军死守三眼桥以及以东的仙女山，阻挡袁世凯军队入城通路。但是，军队不听调令。11月23日、11月24日，米粮山、仙女山相继失守，革命军退守锅底山和扁担山。

127. 11月25日，两路清军在扁担山一带会合，合力进攻汉阳守城革命军，大炮声震撼山峦水泊，锅底山和扁担山失守，清军从王家湾、十里铺长驱直入，进逼归元寺和汉阳铁厂。

128. 山地争夺战伤亡巨大的革命军，再也无力在平原上组织防御，数路清军如飞蝗袭来，汉阳保卫战陷入绝境。11月26日，湖南援军自行撤退过长江经洞庭湖回湖南，湖北军队也纷纷乘船渡江到武昌。

129. 汉阳陷落，黄兴悲恸万分，大老远地跑来亲历阳夏之战战败，辜负了湖北人对他的期望，也辜负自己对革命的一片忠贞，一番雄心付诸东流，站在鹦鹉洲，看大江滚滚东去，心痛欲裂，一心求死，被跟随身边的田桐拉住，随后被黎元洪派人接到武昌。

130. 历时41天的阳夏之战结束,这是武汉三镇遭遇最惨重的一次战争灾难,双方死亡人数超过5000人,其中,革命军阵亡将士4200人,汉口城区破坏得惨不忍睹,汉阳城郊弹痕累累,古琴台和晴川阁被清军重炮毁得残存无几,归元寺大部分古建筑及文物珍藏被毁。

131. 11月27日，清军进驻汉阳，占领龟山炮台，炮口对准蛇山头上的奥略楼。袁世凯下令冯国璋再一次按兵不动。

132. 这一天，湖北军政府在红楼召开紧急会议，商讨今后决策。黄兴说："汉阳守不住，武昌也不一定能守住，我个人意见，不如大家随我顺江而下，放弃武昌，我们去南京如何？"在场的湖北革命党人望着他，一个个眼中出血，先前的尊重化成愤怒，高声喊道："头可断，武昌不可丢！"

133. 众怒难犯，黄兴知道多说无用，当天下午和田桐从武昌草埠门乘船去上海，后来去南京。11月29日，黎元洪任命蒋翊武为战时总司令，湖北军政府决定："坚守武昌，城在人在，城亡人亡！"

134. 11月13日,袁世凯奉召进京,阳夏之战全权交给冯国璋。战争是政治的一部分,其他手段决不能轻视。积极组织责任内阁,秘密与朱尔典会晤。两天后,英国政府表态:希望袁世凯组织一个"强有力"的政府,"这个政府将会得到我们提供的一切支持"。

135. 海军统领萨镇冰接到黎元洪的劝请信，长叹一声，说："不忍看同胞骨肉相残杀……"于是放弃舰队指挥职务，登太古洋行轮船回上海。11月14日，清海军舰队参谋长汤芗铭在九江宣布起义，支持湖北军政府，率"海容""海琛""湖鹗"3艘军舰返航汉口武昌江面，炮口调转对准清军。

136. 各地光复的消息，如报殇的帖子，雪片一样传到清宫。袁世凯暗中考虑如何在乱局中捞取更大的利益。袁世凯同时派遣蔡廷干、刘承恩到武汉来见黎元洪。提出和平息宁，拟定和谈的条件。提出协助清政府君主立宪，免得同胞相残。

137. 11月26日至12月1日，汉口英国总领事葛福派最善汉语的英国人从汉口乘木船过江到武昌，湖北军政府也派特使过江来汉口英总领事馆。12月1日，湖北军政府代表蒋翊武和吴兆麟，北洋总理大臣袁世凯代表刘承恩和蔡廷干，在武昌宝通寺签订停战协议。

138. 袁世凯成立责任内阁并不断向隆裕太后施压。隆裕太后不得不下旨："泣请摄政王辞退监国之位。"于是摄政王载沣退归藩邸，不在朝见，所用监国摄政王章也就此作废。一切用人用兵用财大权，全部归属内阁大臣袁世凯所有。

139. 袁世凯又下令，放汪精卫出狱。他有意结交革命党，给自己留一个后路。让自己的儿子袁克定与汪精卫结拜金兰兄弟。

140. 汪精卫与袁世凯在北京锡拉胡同每天七时后密谈。双方约定：由袁世凯在北方运动，汪精卫在南方运动，保全领土，推动共和，促进清帝逊位，未来由袁世凯主政。

141. 唐绍仪与袁世凯密商一夜后，南下武昌见黎元洪。随同还有《泰晤士报》特派员莫里逊。在织布局见到黎元洪，黎元洪提出要上海的伍廷芳到后，再议正题，唐绍仪也同意了。

142. 后来，双方要求谭人凤也参加南北和议，于是一起乘"洞庭号"轮船，到上海南京路市政厅，正式举行了第一次南北议和的谈判。

143. 清方参加者有欧赓祥、许鼎霖、赵椿年，革命军方有温宗尧、汪精卫、王宠惠、钮永健、王正廷。伍廷芳提出，十月二十九日期起，双方一律停战，要求清廷承认民主共和国体，成立内阁制共和国。

144. 20日,英、美、日、俄、德、法等国驻华公使联合对和谈施加压力,声称"中国的战争若持续下去,将有危于外人的利益与安全",提出"须早日解决和局,以息现争",其主要矛头指向南方革命当局。

145. 伍廷芳坚持和谈必须以承认共和为前提，但又暗示对方，只要袁世凯胁迫清帝退位、赞成共和，革命党人愿以大总统的职位作为报答。

146.汪精卫也秉承黄兴的意见,说只要袁世凯参加革命,劝退清帝逊位,可以担当共和国的第一任大总统。就在双方谈判没有进展时,孙中山的回国彻底改变了袁世凯、朱尔典的布局。

147. 1911年10月21日，孙中山在美国丹佛获得武昌首义成功的消息，非常高兴。到芝加哥参加预祝中华民国成立的庆祝大会。

148. 孙中山致电荷马里，说明革命突然的成功，会助长黎元洪的个人野心，黎元洪缺乏将才，无法持久。需要海外朋友财力上多给予支持，他就可以回国控制局面。

149. 孙中山与四国银行团谈判借款，表示新中国不能分裂割据。至于自己是否担任大统领，并不在意，只有维持中国国内共和建设的责任。

150. 孙中山收到国内公请孙先生回国组织临时政府的电报。电报中再三恳求：中山先生是首创革命之人，中外人民都深深敬仰。盼公回国主持大局。

151. 孙中山取道巴黎，乘"瓦马号"轮船，经新加坡抵达香港。在码头，胡汉民、廖仲恺、李纪堂、陈少白，容心桥上邮船觐见。香港总商会也派代表来迎接。

152. 席间，孙中山发表了重要的谈话："'满清'垮台已经没有问题，但袁世凯是革命最大的阻力。""我们必须要建立一支革命的队伍，对抗和消灭反袁北洋四镇的兵力。""要半年时间组织一支五六万的劲旅。"

153.十一月初六,孙中山乘"地湾夏号"到达上海,住静安寺路哈同花园。陈其美、伍廷芳、汪精卫、黄兴等早在等候。召开了同盟会最高级干部会议,商议组织临时政府。

154. 黄兴等坚持推举孙中山为大总统。宋教仁虽然同意选孙中山为大总统，但坚持要内阁责任制。孙中山谈："内阁制度是总统不能直接插手政治的制度，而总理是对内阁负责的。总统不能为要处处询问诸人意见，而耽误革命。"

155. 12月29日，各省代表在南京召开选举临时大总统会。临时大总统根据临时政府组织大纲第一条选出："临时大总统，由各省都督代表选举之；以得票满总数三分之二以上者为当选。代表投票权，每省以一票为限。"

156. 各省代表庄重对三位候选人投票：孙中山、黄兴、黎元洪。投票结果：孙中山16票、黄兴1票、黎元洪0票。孙中山当选临时大总统。

157. 会议决定十一月初十日（公历12月29日）在南京举行临时大总统就职典礼。定1911年是中华民国元年。会场上乐声大作，代表们互相握手，共同祝贺！

158. 1912年1月1日，孙中山到达南京。欢迎者成千上万，沿途苏州、无锡、镇江人民，对行驶的火车夹道欢迎。到达车站时，兵舰、炮台各鸣炮21响。华灯高照，军乐奏响，万岁之声震天动地！

159. 司仪官景耀月激动地宣读:"今日之举,为五千年历史所未有。我国国民所望者,在共和政府之成立,及推倒'满清'专制政府。愿孙先生始终爱护国民所有,毋负国民期望。"

160. 孙中山在众人瞩目下，健步登台，庄严地举起右手宣誓："倾覆满洲专制政府，巩固中华民国，图谋民生幸福，此国民公意，文实遵之。以忠于国，为众服务。至专制政府既倒，国内无变，民国卓立与世界，为列邦公认。文当解临时大总统之职。谨以此誓于国民！"

161. 宣誓毕，徐绍桢等各省代表向总统致颂词。孙中山致答词，齐声大呼"中华民族万岁"！北极阁礼炮鸣响100响。孙中山宣誓就任中华民国临时大总统，并改用民国纪年，中华民国正式建国。

162. 孙中山向各省各国发出通电。确定陆军总长兼总参谋长为黄兴,海军部长为黄钟瑛,司法部长伍廷芳,外交总长王惠宠,实业部长张謇,交通次长于右任,总统秘书长胡汉民。

163. 孙中山给袁世凯发电报:"南方之所以选举临时大总统,是因为东南诸省久缺统一之机关,行动非常困难,故以组织临时政府为生存之必要条件。暂时承乏,一旦时机成熟,即行辞职,虚位以待。"袁世凯听闻孙中山当选为临时大总统,立马翻脸。

164.袁世凯电告南方代表团，唐绍仪所签订的一切协定均未与本大臣商议，遂行签订，准唐绍仪主动辞职，由本大臣自任交涉之责，直接同南发电商往来。并复电孙中山：国体尚未公决，不愿与闻临时政府之事。同时电告段祺瑞、冯国璋联络北洋系军官多人电请内阁代表，主张君主立宪，极力反对共和。

165. 同时转告南方总代表伍廷芳,如果以少数的意见采取共和体制,必誓死反抗。电告驻京城的各使馆按照和袁的约定,公开表态支持袁世凯反对孙中山。电请张謇同章太炎正式成立《中华民国联合会》,并创办会刊。

166. 袁世凯迷恋君主立宪制自然不愿意看到中华民国临时政府的成立，但临时政府已经成为事实，而且国内共和呼声日益高涨的前提下，袁世凯开始了暗中与南京临时政府的接触。

167. 南京临时政府愿意而且真诚地邀请袁世凯前来就任大总统，条件是迫使清帝退位，建立统一的共和政府。朱尔典做了两件事，一是联合列强拒绝承认新生的共和政府，二是继续为袁世凯谋取革命成果出谋策划。

168. 南京临时政府和中华民国成立后,西方列强都采取了政治上孤立、经济上封锁、军事上威胁的做法,他们不愿中国走上独立发展的道路。

169. 出于维护在华利益的需要,英国政府逐步确立了以和平手段维持一个所谓"强大、稳定和统一的中国"的对华政策目标。英国驻华公使朱尔典在大力支持袁世凯从清王朝手中获取统治大权的同时,积极参与斡旋南北双方进行停战谈判。

170. 以朱尔典为代表的西方列强赞成以袁世凯为大总统的共和制政府，其本质是干涉中国革命，扶植其代理人，维护和扩大其在华利益。

171. 十一月二十八日，六岁的溥仪坐在养心殿东暖阁的宝座上，隆裕太后用手绢抹着眼泪坐在靠南窗的炕上，头戴红顶花翎的袁世凯跪在地上，向隆裕太后密奏说："海军尽叛，天险已无，何能悉以六镇诸军，防卫京津？虽效周室之播迁，已无相容之地。"

172. 他为了进一步逼迫清帝退位，实现篡权之野心，对隆裕太后威胁道："东西友邦，有从事调停者，以我只政治改革而已，若等久事争执则难免无不干涉。而民军亦必因此对于朝廷，感情益恶。读法兰西革命之史，倘能早顺舆情，何至路易之子孙，靡有孑遗也……"

173. 隆裕太后被袁世凯的这番话吓昏了，连连在养心殿召开御前会议，商讨对策。参加御前会议的大臣也被革命形式吓得晕头转向，有的主战，有的主和，互相纷争，吵成一团，弄得隆裕太后抱着溥仪痛哭道："我悔不随先帝早死，免遭这般惨局。"

174. 不久,在袁世凯的授意、汪精卫的直接指使下,禁卫军协统、主战派良弼被革命青年彭家珍炸死。从而使得一些大臣连去养心殿参加御前会议都不敢了。

175. 这时，南京政府参议院根据袁世凯提出的方案拟定了清帝逊位后的优待条件，其主要内容为，清帝仍保留皇帝的尊号，并仍住在宫殿内；民国政府待以外国君主之礼，而且每年供给四百万元的费用；宫内各项从事人员照常留用，民国对皇帝原有的私产特别加以保护等。

176. 袁世凯趁机派心腹、国务大臣赵秉均带口信给在养心殿参加御前会议的人说:"这个事儿叫大伙一讨论,有没有优待条件,可就说不准了。"这一下隆裕太后对主战派的意见再也不敢考虑了。

177. 袁世凯还暗示其部下、北洋军阀将领段祺瑞等四十二名前敌指挥致电清帝，要其退位，并扬言要率军队入京，"兴王公痛陈利害"。隆裕太后感到大势已去，只得于宣统三年十二月二十五日(1912年2月12日)，隆裕皇太后以宣统皇帝的名义颁旨，发布了退位诏书。

178. 退位诏书是袁世凯委托在上海的张謇起草的，内中规定："袁世凯前经资政院选举为总理大臣，当兹新陈代谢之际，宜有南北统一之方，即由袁世凯以全权组织临时共和政府，与军民协商统一办法。"

179. 孙中山为了实践自己的诺言，于2月13日宣布辞职，并推荐袁世凯继任临时大总统。15日参议院举行临时大总统选举会，选举袁世凯继任临时大总统并发电祝贺。

180. 袁世凯想独揽大权，孙中山看出了袁世凯独裁的危险，下野前制定《临时约法》限制袁世凯的权利，实行内阁制。为了保存权利的袁世凯策划了北京兵变，并以此为借口于3月10日于北京宣誓就任大总统。

181. 纵观清帝退位的前后不难看出，推翻清政府是在革命方面作出重大妥协让步的情况下，由操纵整个局势的袁世凯迫使清帝自动宣布退位的。

182. 清帝的退位，中华民国的建立，使中国不但从此结束了清王朝的统治，而且结束了两千多年来的封建专制制度，这是辛亥革命取得的一个巨大胜利。

跋

辛亥革命是以孙中山先生为首的爱国志士，前赴后继推翻清朝封建统治的伟大历史事件，是中国近代史的重要转折点。

今年是辛亥革命110周年，以万翠屏老师为主的创作团队，献上了五百多幅《画说辛亥》的三册宏大连环画，实在是一件值得庆贺的事。万老师团队在较短的时间内，查阅大量历史图片和资料，刻苦表达出波澜壮阔辛亥革命的时代感，用难度较高层次丰富的素描创作手法，不畏困难，群策群力，日以继夜，不能不说是用极大毅力和极大的热忱完成这项巨大工程，可敬可佩！

这套书的出版，有助于当代青少年轻松明晰了解国史，有助于凝聚中国力量，加快完成"两个一百年"的中华民族伟大复兴的目标。我们要感谢万老师自发地为我们普及了一堂优秀历史课。万翠屏老师一直关注自身艺术为社会服务，努力在时代任务中创作。她在武汉抗疫斗争中所创作的武汉第一线系列素描作品，就有较广泛的全国影响。

习主席多次提到："历史是最好的教科书，学习党史，国史，是坚持和发展中国特色社会主义，把党和国家各项事业继续推向前进的必修课。这门功课不仅必修，而且必须修好。""昔日之国情，即今日之历史；来日之历史，犹今日之国情。"民主革命时期，毛泽东同志强调，认清中国的国情，乃是认清一切革命问题的基本的根据。当代中国，国情依然是中国改革发展的基本依据。学习党史国史，就等于从一个侧面认识了中国的国情。因为，党史国史展现了中国共产党在中国的领导地位和核心作用形成的历史必然性、中国人民走上社会主义道路的历史必然性。

预祝《画说辛亥》发行成功，并祝万翠屏老师创作团队再接再厉，创作更多更好历史题材作品问世。

中国炎黄画院院长
美国洛杉矶加州大学教授　徐纯中
2021.9

后记

《画说辛亥》历史绘本这个选题的确定，应该从几年前的一次活动说起——

单位工会组织观看国史教育电影，一腔热血荐中华的各界爱国志士、蹈死不顾的黄花岗烈士、石破天惊的武昌起义壮士……一个又一个英雄用热血和生命绘就的波澜壮阔历史，让人不禁泪水涟涟。如果从一般的生命意义角度去关照，许多才华横溢、风华正茂的青年才俊为了改变半殖民地半封建的旧中国的命运，奋起抗争，不畏生死。他们大多刚刚学成归国，其中不乏科学家、发明家、文学家，若不是为了灾难深重的国家，他们可能会是推动社会科学技术快速发展的中流砥柱。遗憾的是，所有影视剧所表现的这些人物都是由演员扮演的，真得好想看看真实的他们啊！看看他们的音容笑貌、看看他们真实的生活处境、看看他们真实的言与行！于是慢慢诞生了一个大胆的想法——把他们和他们的故事，通过历史照片和相关资料，用图画展示出来！

2018年，我将有关这个宏大选题的想法和中国炎黄画院的徐纯中院长进行了交流，徐院长听了非常赞同，同时也提出以系列连环画的形式来描绘从晚清1895年至1911年期间历史进程的意见，并亲自积极参与，在三个月的时间里把整个辛亥革命进程拉出了一个大的脚本框架，并初步提出了项目计划书。作为连环画艺术家的前辈，徐院长也推荐了几种绘画的表现手法和画面呈现的艺术效果，还画了十几张样稿。2019年底疫情爆发，项目搁置。但在长时间的隔离时间里，我重新把脚本进行了写作，同时开始酝酿绘画的表现形式，并开始做绘画技法的前期训练、探索，其间画了两组素描，一组是《那些身边的武汉人》和《勇者无言》，上海新民晚报整版刊登了这些作品。待2020年疫情稍微好转，大约10月份，在北京与好友李雪谈创作和出版的事宜，考虑到题材的特殊性，李雪把我引荐给了团结出版社。同时，我们又一起探讨了绘画的表现形式和艺术语言的表达，否定了几种绘画形式。我也对绘画表现形式进行了重新思考。

时间很快到了2020年底，全球疫情又开始反弹，过年期间依然要求大家居家隔离，不要外出。这恰好给了我安静探索艺术表现形式的大好时间，决定换一种新颖的有时代感的素描语言，于是买了450克的灰色卡纸、碳铅笔、索斯、色粉棒、色粉笔等，尝试从脚本第一页开始创作。动笔的时候并不知道画面效果会是怎样，只能边画边探索，当第一张素描稿画完后感觉差点什么，因为纸张是灰色的，画面差亮色，又准备用白色的色粉笔把两面提亮，画完后对画面效果依然不太满意。又看到色粉盒里的柠檬黄，不仅明度高，还有色彩，于是用柠檬黄和白色混合作亮面的提亮，画完后发现画面效果不错，于是请艺术朋友们还有我的老师雷克勤看稿，大家都给与了我肯定和鼓励，于是绘画的表现形式在一波三折后定了下来。

  创作过程中，历史资料的收集是一个艰巨的任务，我就在不能出门的时间，把网上能找到的所有历史图片资料全面地查找了一遍，还把各大视频网站几乎所有关于辛亥革命的电影、电视剧、纪录片全部观看一遍。不同版本影视剧对历史事件的表现都带有个人的审美差异，加上扮演者个人对人物的演绎融入了自身的艺术理解，表现出来的感觉更是各种各样，纪录片对历史事件和人物的评价相对比较客观。年后疫情好转，我马上预约了辛亥革命博物馆和红楼武昌起义博物馆的门票，带上相机把两个博物馆展览的图片资料全部拍摄回家。一段时间的资料收集，帮助我在大脑里对一幅幅创作画面开始有了一些想象，前一百幅的创作比较慢，每一幅画面都是一幅独立的创作，人物、事件、道具、环境、画面构图等都要反复斟酌，画面的黑、白、灰和疏密节奏的安排要用草图预先勾一下，有时候一个画面有十几个图片需要推敲，选择时更要选取表现力强、适合绘制的画面。时间到了2021年6月，创作的绘画稿子才只有一百多张，想要赶在10月10号之前出版，就必须组织手绘团队一起画。6月底，经过多方筛选，张刚、赵玉两位老师参加了进来，又从武汉各大学里挑选了我自己培养的三名学生做绘画助理——何珊大学毕业一年，她在公司办理两个月的留职手续参加手绘；徐莹颖、余卓刚好暑假放假，她们虽然才上大二，但素描基本功比较扎实，作为绘画助理是没有问题的。两个月的时间，我计划自己再承担两百张的创作任务。于是，7月初开始，我们集中在我的工作室开始创作。

  原以为一个暑假集中创作不会有问题，但疫情在7月底8月初再一次席卷全球，武汉市又一次要求居民居家隔离，同时，三天时间内市民全员核酸检测。迫于疫情的压力，我们只能暂时停止创作。核酸检测结果出来后，我们自觉遵守防疫要求。值得庆幸的是，我们绘画团队的人员所居住的社区都是安全的！我的工作室在单位里，几个人聚集在一起绘画创作，对于单位疫情防控来说，是要承担巨大风险的。我分别和单位校长李珩、书记何建明反映了我们的创作情况，两位领导让我们做好测温、扫码和登记工作后再进行正常创作。自此，创作团队每人每天画十几个小时，我的胳膊画得疼得都抬不起来，长时间低头画画颈椎病发作，腰椎和坐骨神经疼痛，更为严重的是肩膀和头部一侧开始发麻！真的开始为身体感到焦虑了，但画稿未完成，并不敢停下来！于是吃着各种药、贴着各种膏药，更为可笑的是，大夏天还把暖宝宝贴在肩膀麻木部位！工作室里放着筋膜枪，稍事休息时用筋膜枪放松一下劳累的身体部位。除了害怕自己病倒，也害怕其他成员病倒，一听到有人打喷嚏就紧张，工作室里常备维生素片。所有成员就这样坚持着、互相鼓励着、每画完一张都大声庆贺着……就这样，所有画稿于9月2号全部完成！原计划画稿竣工时一定要吃大餐庆贺的，但这一天大家加班到晚上九点，所有人都疲惫不堪，最想做的就是赶紧回家休息！估计这时候摆个满汉全席也不能动弹了！真的感谢团队的每一位画手和助理！感谢团队的坚持和不放弃，感谢单位领导的支持和保护！因为有了你们，绘本所有画稿才能如期完成！

  在这个绘本创作的前期，还有好友王晓琴、潘蓉、李承华博士协助改写项目计划书，还完成了文字脚本的文字校正，还有我的宝贝女儿，从中科院放假回家帮助我查找资料，为绘画团队做后勤服务工作！单位原党委书记王留同志，在假期里自己带着摄影装备，为我们的作品原稿拍照。单位原校长吴金安一直关心这个项目，多次为项目出谋划策。工会主席李晓宏几次来工作室探望，并积极向上级领导汇报我们的活动进展。感谢中国炎黄画院徐纯中院长一直以来的鼓励和支持！感谢团结出版社梁光玉社长为绘本文史内容提出了关键性的意见，赵广宁总编辑多次召开座谈会，为《画说辛亥》做工作指导。感谢湖北省民革在六月份的《百年风华正茂，携手再谱新篇》庆祝中国共产党成立100周年、纪念辛亥革命110周年的书画作品展上，提前展出了第一册的部分画稿，并将这些展出的画稿收集在展览画册的首要位置，省民革领导亲自来到工作室关心创作进度。感谢武汉市、武昌区民革的支持和关心！感谢青山版画院版画艺术家林义德先生的鼓励和支持！感谢武汉三八画会张墨菊会长的支持和帮助！感谢所有给予这个绘本项目鼓励和支持的朋友！因为有了这么多人的支持和鼓励，我们才能如期完成《画说辛亥》！

万翠屏
2021年9月12号